我在 *Study In*
美国读高中
American High School

主编 王歌红

中国人民大学出版社
·北京

编写组名单

主　　　编：王歌红
副 主 编：吴光华　白　林　谷永强
编写组成员：谷欣然　孟宇森　徐行知　张泽凡
　　　　　　薛楸禹　陆子琪　薛　松　王训建　王　艳
　　　　　　康昕昕　孟东辰　张艳颖　朱志强　理查德·殷

前 言

PREFACE

这是给有留学计划的家庭编写的一份决策参考。

这样家庭的家长生于 20 世纪 60、70 年代，他们在"文革"后期到改革开放初期接受教育。当这批中年人回顾自己教育历程的时候，会把满意和遗憾都与 20 世纪中国几次天翻地覆的变化联系起来；当他们近距离观察子女教育的时候，也会与自己当年的求学经历相比较。这批家长经历了半生的风雨，而今要为家庭的未来作出一个决定：子女到底应该接受什么样的教育？

留学计划最重要的决策者应该是学生自己。这是一群 95 后甚至 00 后的孩子，本书选编了大量的美国高中生作业给同学们参考。学生要独立作出判断：内容是否喜欢，方法有没有困难。如果同学们有耐心看完，那么与异地教育的接驳将会更加顺利。

本书从亲历者的角度，为有思索的家庭提供家长的视角、学生的视角、培训机构的视角、留学服务机构的视角、国内一线教师的视角。编写者不会做出评判，不就"中美教育哪家强"给出答案。最适合自己孩子的教育才是最好的教育。

本书的编著是 60 后、80 后和 90 后合作完成的。最初的策划人是 60 后的学生家长，主要供稿人是 90 后的留学生，主要翻译、编辑人是 80 后的职场骨干。第一篇的编写者是王训建、王歌红、吴光华、白林和张艳；第二篇的编写者是谷欣然、孟宇森、徐行知、薛楸禹、张泽凡、陆子琪、王歌红、王训建、王艳、薛松、Richard Yin；第三篇的编写者是王训建、王歌红、王艳、张泽凡、吴光华；第四篇的编写者是王训建、王艳。全书由王歌红、王训建、王艳统稿，中英文翻译是王训建、王艳，康昕昕参加了编辑校对工作。

2015 年 1 月 2 日

目 录
CONTENTS

第一篇
艰难的抉择

第一章　你的高中谁做主

　　孩子已经赴美读书的家长们在回忆起当初所做的决定的时候，一般会用到"纠结"、"艰难"、"犹豫"等听起来就令人忧虑的词汇。与申请、出行的准备工作、考试等相比，做出决定其实是最为艰难的一步。赴美读书，意味着骨肉分离，意味着较高的资金投入，意味着一个新的成长阶段的开启。

　　本章将从申请准备、录取标准、考试准备几个方面回答家长和同学们在做出决定时可能会关心到的一些问题。

第一节　去还是留，这是一个艰难的问题

　　本书并不回答是否应该让孩子去美国读高中的问题，因为这个问题没有正确答案。低龄留学是近年才出现的趋势，我们无法验证在一个比较长的时间范畴之内，一个具体决策相对于个人和家庭的正确性。

　　然而，我们建议家长和学生在做出决定之前一定要听取几个方面的意见。一是听听过来人怎么说。可以约几个家长和学生一起聚聚，听听他们

选择的过程、决定性因素、现在的体验、事后的评价。二是听听中介机构或从事类似工作的个人的意见，最好是在其中工作的朋友。他们每年处理的案例比较多，经验丰富，如果对案例还有跟踪就更具有权威性。提示家长尽可能找其中的朋友是因为中介机构毕竟是受利益驱动的，你可能会碰到对方一下子开价几十万的情况。三是听听孩子老师的意见。老师从学校的角度，对孩子的学习能力、自理能力、自律能力、自我驱动都会有一个评价，对于其是否适合出国学习，老师一般会给出中肯的意见。

收集足够的信息之后，正式进入决策程序。学生本人与家长要平心静气地分析问题并作出判断。我们接触到这样的案例，学生在赴美考察或交流后，本身意愿特别强烈，对在美国学习充满了憧憬。这样的事件往往导致赴美计划提前，打乱了家长之前替孩子所做的规划。于是，我们提出这样一个问题："你的高中谁做主"。当是"去"是"留"摆在议事桌上，成为家庭在某一时间讨论的主要话题时，我们建议家长和学生都读一下本书的第二篇"揭秘高中课程"，然后回答这样两个问题：第一，作业题目能看懂多少；第二，作业完成的程度能做到多少。然后再考虑赴美以后英语提高程度的度量，从而判断学生本人的适应程度。接下来，全家人一起列出去和留的利弊分析，无论采取什么样的决策形式，充分的协商、沟通、预判都会对学生赴美之后的学习与心理调试有所帮助。

目标学校的列出是决策之后的必经之路。中介机构、过来人、亲戚朋友都会推荐，学生、家长也会通过口碑或排名来寻找梦想的学校。我们建议家长与学生共同完成网上调研与搜索工作，一是熟悉语言环境，二是民主协商，让孩子的高中生活更多地掌握在自己手中，成为当仁不让的主角。

第二节　破译高中名校录取标准

在兴奋与渴望并存的家长与学生眼中，录取是既神秘又神圣的事情。美国高中在网页上都会有关于录取的说明，有的明确要求托福与 SSAT 成绩，有的没有给出量化指标。相比而言，那些传统贵族名校的录取要求会更为严格。那么，作为中国的留学生，需要注意哪些录取条件呢？

第一，申请人需要是初二至高二的在读学生。美国高中为四年制，相当于国内的初三到高三，初二至高二的在读学生皆可提前申请就读美国高中。

第二，成绩必须达标。按照美国高中的录取标准，国际生的平均成绩最好达到 80 分以上。同时，好一些的学校还会要求学生提供托福、SSAT或其他标准化考试成绩。

第三，面试体现综合能力。面试可以是现场面试，也可以是电话或视频面试。现场面试时间较长，一般约为 1 小时，有的学校在家长带孩子参观学校时就可以预约面试环节。电话或视频面试时间较短，一般半小时左右。由于电话或视频会受到通信质量的影响，面试的发挥往往不如现场见面理想。面试官通过与申请者的交流来考核其综合能力。

第四，申请文书至关重要。各学校对文书要求不一样，文书包括个人简历、推荐信、初中成绩单和问答 essay 四个部分。很多学校要求英语和数学老师分别回答一些关于学生的问题。一般包括学习的内容、掌握程度、个人品性等。有的学校会要求学生回答几个问题，这些问题其实也构成一篇小作文，有的学校直接要求学生写作。

最后我们建议附上参加课外活动奖励、荣誉证书、照片和说明等，从而让招生官更好地认识学生。

第三节 张艳老师 谈托福备考

要想去美国读高中，其中有个很重要的准备就是托福考试。很多同学在刚接触托福考试的时候都感到无从下手，下面我根据自己多年的托福教学经验，向家长和同学介绍一下托福的基本准备工作。

一、词汇准备

根据多年接触托福考生的经验，我发现很多同学在听老师讲解听说读写的做题方法时很难跟上。与同学交谈过之后，才知道大都是因为他们没有认真背诵单词，即单词不过关。所谓的单词不过关分两种情况：一种是没有大量地背过单词，或者平时很少阅读英文材料。对于很多单词，同学既不会读，也不明白意思。另外一种是同学背过单词书，但是没有听过单词的发音，所以在听力题中遇到这些词汇时就反应不过来它们的意思。因此，最初准备托福的同学，都要用听、跟读的方式去背单词。我推荐的单词书是《TOEFL 词汇》（作者王玉梅）和无老师的《7 天搞定托福单词（第二版）》。基础较差的同学可以从无老师的书开始背，熟悉之后再背王玉梅的书。一定要记得配合录音跟读单词。除此以外，还需要背诵听力和阅读的单项词汇。

二、语法准备

托福不会单独考查语法，但是会在阅读、口语和写作中会考查语法的应用。例如，如果对于从句的知识掌握不好，那么阅读的时候就很难快速读懂长难句，很难快速抓取核心信息。口语和写作中如果出现语法错误，也会很影响分数。对于语法，许多有丰富经验的托福老师都建议没必要深入地去学习细小的语法规则。可以用 1 周的时间先简单学习大的语法用法，例如时态、从句等。推荐的书是《无敌英语语法》（初中版）。

针对阅读，同学需要在精读的过程中提高语法的运用能力。只有在读的过程中，见多了相关的例子，才会透彻地理解某种语法的运用。如果准备考试的时间较长，我们推荐用《新概念英语》第三册来做精读材料，逐句读懂，理解语法和词汇。如果时间较短，我们推荐用真题 TPO（TOEFL Practice Online，ETS 官方网站出售的电子版真题）的前几套题目来做精读材料。

针对口语和写作的语法，准备工作是多做一些句子翻译练习。在句子翻译的过程中，可以逐渐地扫清语言输出时的语法障碍。句子翻译的素材可以从口语和写作的范文中找。有的范文直接配备中文翻译，有的需要自己先把范文翻译成中文，再对照大意翻译回去。这个过程可以提高学生输出句子的准确度，是必要的积累。

三、听力单项的准备

听力是听说读写四项里最关键的项目。除了阅读，其他三项都会考查听力能力，因此我们才会说："得听力者得托福。"听力基础不好的同学，一定要耐心去做精听练习并配合背诵托福听力的单项词汇。托福的精听练习就是拿考试资料逐句地去听。先听一个句子的核心意思，找到它最核心的词汇，快速理解意思，然后再逐字听出句子剩余的信息。坚持精听，就能学会快速抓取信息，对于后期学习做题很有帮助。精听的材料可以选取真题 TPO 前 10 套里的题目，也可以选择 OG（Official Guide，《托福官方指南》）里的题目。这是一个长期的过程，坚持听 20 篇以上，才会看到效果。听力基础提高以后，再去学习做题方法。这里推荐我自己写的书《听出托福好英文》。书中详细地讲解了具体做题方法。用书中的方法，再配合做题，就会取得好的成绩。

四、阅读单项的准备

阅读是听说读写四项里最有规律的项目。基础薄弱的同学可以从精读开始，逐句读。读的时候也要先扫描最核心的信息，确定大意。然后再仔细读出句子剩余的部分。同样要坚持读 20 篇以上。使用的材料也是 TPO 的前 10 套题目。精读打好词汇和语法的基础之后，就可以学习做题方法。托福阅读按照题型，有不同的解题方法。现在网络课程发展比较快，大家可以在网上选取适合自己的老师来学习托福阅读的详细解题方法。

五、口语单项的准备

口语要从发音、语法和逻辑这三个方面准备。首先，对于发音不太好的同学来说，可以多做一些跟读练习。跟读的材料可以是口语里的录音部分，也就是口语里播放的听力材料。这些材料都比较短，容易模仿。同样也可使用 TPO 前 10 套题目来做这个练习。其次，要补充口语的语法，也就是说口语句子要尽量做到准确。这可以参考上文提到的语法复习步骤。语法错误比较少是口语得高分的前提。再次，同学要知道如何展开文章的逻辑。对于文章如何提出观点、展开细节、总结观点，要有一套清晰的逻辑。这个方法可以参考新航道出版的《口语真经》，其第三册最接近考试。很多口语老师都会做口语预测，也可以根据老师的口语预测提前准备可能考到的题目的答案。当然，预测是有风险的，可以按照预测的题目进行复习与练习，但是不能全部依赖机经预测来应试。

六、写作单项的准备

写作的准备是四项里相对来说比较轻松的。写作是可以通过正确的练习方法比较快速地提高的项目。我们做过的培训里，同学通过 2～3 次课提升 5 分以上的案例很多。托福对于写作的考查是要求用准确的语言表达自己的观点。托福写作的题目都是能让同学有话可说的话题，贴近生活。在写作方面，首先，要提高语法的准确度，也就是从读范文、翻译句子开始纠正自己的句子的准确度。其次，要提前积累一些固定句型和相关话题的词汇。这是写作课上老师必给的材料。句型和词汇不要贪多，一定要保证熟练应用在文章中。再次，要学会如何展开段落逻辑和文章逻辑。这种逻辑展开能力一是可以通过研读好的范文，找到其段落中实用、可操作的展开方式来模仿学习；二是在一些写作培训课上，老师会带着同学们来练习段落展开。根据我们的经验，托福写作不需要太华丽的语言，也不需要写很多的字数。只要同学能够表达得有理有据，把事情说清楚了，就可以得到比较理想的分数。写作中有一项任务叫综合写作，要求同学读一段文章，再听一段录音，然后自己结合这两个材料，写出他们之间的关联。这种写作乍看起来比较难写，但其实是有很多规律的。只要熟悉了几篇文章，从范文中摘取常用表达，再加上对原文的改写，就可以顺利写出。

总之，托福考试是一项针对语言能力的测试。它需要同学先打好语言基础，才能够顺利拿到理想的成绩。通过正确的学习方法，加上老师的指导和同学自己的认真练习，一定能够早日做好语言方面的准备，顺利走向美国高中！

张艳，北京语言大学英语文学专业，2000 年入行雅思托福培训行业，13 年实用英语及应试教学经验。后赴美国深造，全额奖学金就读托莱多大学应用语言学专业（University of Toledo, TESL）。曾是环球雅思北美考试院最核心的托福听力教师及教师培训师、教学口碑最卓著的听力老师，曾任北美考试院教学总监。现开设网络课堂及张艳英语工作室。著有《听出托福好英文》，被托福考生奉为考托圣经。

第二章 "选择困难症"
患者必读

经过考试、申请、面试几个环节之后，同学们开始陆续收到学校的录取通知，如何选择又是摆在家长和学生面前的一个难题。根据规定，公立学校一般只有1年的交换生项目。所以计划赴美读高中的家庭多数会选择私立学校。本章选取两位家长的文章，分别介绍选择私立学校的经历和对公立学校的体验。

第一节 我选择
美国私立高中的经历

作为家长，我们觉得中国应试教育已经不能适应孩子全面发展的要求。在中国，高中生似乎只需要向一个方面努力，那就是分数。我们正在计划寻找一条更适合孩子发展的求学之路。

在儿子初中二年级的下半学期，我们开始考虑留学问题。申请去美国读高中还是在国内考重点高中，这是我们必须做出的选择。若留在国内读高中，上初三时必须全力以赴准备中考；若申请留学也时不我待，要有足够的时间做准备。我们当时也犹豫不决，准备两条腿走路，并计划利用初中二年级的暑假到美国高中实地考察一下。

临行前的两个月，我们陆续参加了各种有关美国高中的讲座，在网上查资料，与有留学经验的朋友交流，争取获得更多的实用信息。美国寄宿高中的优势有目共睹，是我们去拜访的首选。选择学校时，我更倾向于学校的地理位置，美国教育传统优势地区——新英格兰地区及东北部。接下来就是选择接洽的学校。我们依据手上有限的资料，从中选择了五所寄宿高中，通过 E-mail 和学校招生办取得联系。其中两所学校答应没有语言成绩可以直接面试，另外三所高中只提供参观校园，在没有收到 TOEFL 或 SSAT 成绩前不给面试机会。现在想想当时完全是准备不足，不靠谱。

五所寄宿学校被我人为划分为高、中、低三档，我的选择是 2：2：1，地理位置在宾州费城和康州。出发前儿子问我："我要做些什么准备？"我说："把你最真实的一面展现给他们。"老实说，这跟没回答一样，因为我也不知道要面对的状况，就是两眼一抹黑。

第一所拜访的学校是一所位于康州的寄宿高中，也是我们本次拜访的学校中历史最悠久的一所，1850 年建校。驱车走在盘山路上，像是进入了森林，进入山区开车 40 分钟，当快要绝望的时候，终于看了学校的标志。正值暑假，学生放假，校园内安静极了，不时传来小鸟的叫声，这是学校吗？怎么像公园，比我们的大学校园还美。

招生办是二层小楼，木质结构，整个装饰古朴讲究，散发着浓浓的学术气息。我们被安排在等候区，同时等待的还有两个美国学生和家长，学生看起来很成熟，穿着西装，皮鞋锃亮，一看行头就很正式。儿子第一次经历这样的阵势，看得出来他有些紧张，我递给儿子一杯咖啡并让他深呼吸。学校要求孩子现场自己填写两页表格，儿子认真地回答着每一个问题，都是些基本信息，可能要看看孩子的书写是否工整吧。儿子被领进一个单独的房间，与招生官面谈，面试进行了 40 分钟，就好像两小时那么久，儿子和面试官一起面带微笑地向我们走了过来。招生官见到我们时用了"great job"这个词，虽然我知道英语听、说能力是孩子的强项，但也不知道是真的这么好还是客气？如果听、说能力强，申请时还是很有优势的，因为他们很看重面试。

面试并没有就此结束，接着招生官跟家长单独进行交流，先是肯定了孩子的面试表现，主要说好的一面，向我们介绍了学生在校的学习生活情况，回答了我们关心的国际学生问题。说实话，去之前我们没有任何准备，也不知道要问些什么，貌似问的都是一些鸡毛蒜皮的事情，人家的回答倒是详细具体，整个过程都被记录在案，套用中国官方语言就是"在亲切友好的气氛下进行了交谈"。

这时候进来一个学生模样的男孩，面试官介绍说这是本校 10 年级的学生，将由他带我们参观学校，男孩非常有礼貌地和我们打着招呼，并引领我们走出招生办，带着我们走遍学校每个角落：教室、宿舍、图书馆、体育馆、室外运动场、实验室、艺术教室，并一一作出介绍，讲解学校的历史、趣事。小男生说起话来滔滔不绝，有问必答，口才实在太好了，一切都透露出对自己学校的热爱和自豪，而且那份成熟是国内同龄孩子中少见的。儿子不时感叹："哇！两块标准室内篮球场，8 块网球场地，这么小的班，最多 15 人，先进的科学实验室……到处都是绿色的草地。"看着儿子羡慕的目光，我知道他被这里深深吸引了。

有了第一次经历，接下来的 4 所学校儿子应对得越来越自信了，最后一次面试结束时还跟面试官开了玩笑，信心满满。问他对几所学校的印象，他说都很喜欢，最爱第一家，可能是先入为主吧。比较这几所寄宿高中，并不是像我想象的在硬件上分高、中、低档次，其实是各有特色，最重要的是哪个适合你，当然前提是能被心仪的学校录取。

在回北京的路上，儿子做出了要去美国读寄宿高中的决定。我们全力支持他的决定。但是不管怎样，美国高中都有英语语言成绩要求——标准化考试。我立即咨询了孩子在美国读高中的朋友，请他给我指点迷津。要想拿出理想的标准化考试成绩，就要付出艰辛的努力。儿子开学上初中三年级，一边忙着学校的功课，一边准备出国的考试。为了自己出国留学的目标，每天挑灯夜战，没有丝毫抱怨。9 月份参加了第一次 TOEFL 和 TOEFL Junior 考试，由于准备时间太短，成绩并不理想。有了第一次考试经验，他有针对性地上了 TOEFL 考前培训班，早出晚归，持续奋战了三个月的时间，12 月初迎来了第二次 TOEFL 和 TOEFL Junior 考试，与此同时，也参加了一次 SSAT 考试。辛苦付出总算没有白费，TOEFL Junior 取得了较好成绩。当然，英语标准化考试，特别是 TOEFL 和 SSAT，靠短期突击很难取得理想的成绩，最少也要准备一年时间。我们是用 TOEFL Junior 的成绩申请的学校。申请了三所拜访过的寄宿高中，包括两所面试过的。Essay 是儿子自己写的，回答了所有学校对学生的提问，这个过程让孩子有了一个审视自己的机会，看到了自己的优劣势所在。申请文书是最后请朋友帮忙一起修改的，完全是摸着石头过河，没有专业人士的指导，用焦头烂额来形容那段时间一点儿也不过分。

在学校网站上直接提交申请后，就开始了煎熬的等待。11 月正好有朋友从美国回来，她的儿子在美国私立走读高中上学，向我介绍了私立走读高中的情况。美国私立走读高中有很多优势：中国学生少，设备师资同样出色，寄宿在美国人家庭，能够更充分感受并融入美国文化。当时感觉就好像打开了另一扇窗子，重新考虑我们的选择，最后决定赶快同时申请私立走读高中。在期盼中，陆续收到了两所寄宿高中和一所私立走读高中的录取通知。最后我们依据地理位置、人文环境、中国学生所占的比例等因素，综合考虑，最终选择了私立走读高中。申请准备的过程，令我逐渐体会到，其实没有百分之百完美的学校，选择最适合自己孩子的学校才最重要。

儿子的留学生活刚刚开始，全新的学习生活会面临很多挑战。我想告诉他：不管遇到什么困难，都不要退缩，用心拥抱生活，不断前行……

白林，美国私立走读高中 9 年级 Jason 的妈妈。

北京和睦家医院医生，多次前往美国医学中心学习访问。

"我推崇的教育理念是：因材施教，人尽其才。"

"送儿子到美国私立高中留学，希望他不仅要学习知识，更重要的是学会思考、创造、沟通等中国教育还不重视的东西。"

第二节 直击
美国公立高中

前文重点介绍了私立高中的情况，但那些数量众多、遍布城市和乡村的公立高中又是怎样一番景象？美国家长是怎样办理就近入学手续的？公立学校的经费来源有哪些？带着种种疑问，我陆续参观了一些公立学校，期盼得到最准确的答案。

回顾美国公立学校的发展史，我们不得不提到美国教育改革的先驱人物霍瑞斯·曼（Horace Mann，1796年—1859年）。在这位政治家和教育家所生活的时代，美国儿童和青少年的教育呈现两极分化的状态：富裕家庭聘请私人教师，他们的子女能够享有良好的教育条件；但对于大多数孩子而言，读书是一件相当奢侈的事情。霍瑞斯·曼目睹了许多贫困家庭的儿童整日在大街上嬉闹和游荡，因缺

少教育而不得不延续上一代的贫困现状后，在他担任麻省教育部长时开始积极支持教育改革。他认为在民主社会中，教育应该免费、普及、不实行区别性待遇的政策并聘用训练有素的职业教师。他致力于公平教育和教学模式的改革，并坚信公共教育是传授儿童责任感与道德的最佳方法。

19世纪是美国历史上风起云涌的社会变革年代。霍瑞斯·曼在他创办的《公立学校周刊》上提出了有关公共教育的基本原则，比如公立学校应当由公共机构支付经费、管理和维护；公共教育必须是非歧视性的，学生来自不同种族文化背景；教学应当由能够胜任的职业教师承担等。他积极推进师范学校建设，并把师范学校的主要对象定为妇女，这为妇女提供了更多的工作机遇。霍瑞斯·曼倡导的教育改革对新英格兰地区乃至整个国家的教育制度影响深远，他被历史学家誉为"美国公共教育之父"。

霍瑞斯·曼有一句名言："给我以权利，我要把书本散布在地球上，正如农夫把麦子撒播在耕过的土地上一样。"今天的美国公立学校的运营管理承袭了他的理想，不论在繁华的都市还是在人烟稀少的乡村，公立学

校按照本地居民原则，服务于社区不同种族、国家和文化背景的家庭。公立学校的经费由联邦、州和地方三级政府机构共同分担，其中联邦政府投入的比例一般不超过 10%，州和地方政府承担了绝大部分教育资金投入，越是富裕的地区，地方政府拨款的比重就越高。联邦政府教育拨款主要来源于个人所得税，州政府主要来源于消费税，而地方政府投入的教育经费则主要来源于财产税（其中房产税的贡献最大）[1]。各学区的儿童和青少年所享受的免费义务教育是纳税人权利和义务对等的结果，真正做到了"取之于民，用之于民"。漫步在不同学区的公立和私立学校中，你很难发现硬件设施上的差距，实验室、图书馆、餐厅、体育馆等设施的标准配置基本相同。当然，不同学区的教学质量有好有差，一个最简单的评判标准就是看房价和租金，学校质量越高，附近的房价、租金也就越高，反之亦然。

美国的教育制度实行学区制（District System），和我国现行的教育管理制度有很多不同之处。学区制起源于 1789 年美国麻省修正通过的州宪法，该法规定地方政府成立学校委员会（School Committee）来负责教育事务。1826 年，该法再度修正，将学校委员会独立于地方政府之外，并享有教育行政权以及决定教育税税率的权力，奠定了今日美国地方学区制度的基础。

在美国，一个地方学区通常包括一个教育决策单位、一个教育行政单位以及若干所公立学校。教育决策单位即学区教育委员会（School Board），其组成成员由地区居民选举产生。学区教育委员会受居民的委托，依法决定学区内中小学教育税的税率、教育预算、学校课程设置、人事任命、学校学区界限等，并督导教育行政单位。教育行政单位由管理经验丰富、由教育委员会任命的学区长（Superintendent）及其所属行政人

----

① 《美国基础教育的经费来源分析与思考》：宋彬，同济大学管理学院；黄琛，上海理工大学。http://www.cnsaes.org/homepage/saesmag/shjyky/2006/4/jk060408.htm

员组成，依据学区教育委员会的决定，负责所辖学区内的日常决策和政策实施，并督导学区内各所学校的运作管理。中学和小学校长由学区教育委员会负责任命，执行学区教育委员会的教育决策。从管理制度设计上看，学区是独立于地方政府之外的行政组织，具有决定及管理地方公立中小学教育事务的职能，不受地方行政及立法机构的干预。

从地域上来看，学区和地方政府辖区不尽相同，通常要覆盖1~3个镇或市。根据2010年美国教育部的相关统计数据，在全美约19 000个地方政府中，2008—2009学年度共计有13 809个学区[①]，公立学校数量为98 706所（包括小学、中学和特殊教育学校）[②]，私立学校有33 740所（2007—2008年度）。一个学区内通常包括一到若干所公立学校，小的学区可能只设有一所小学，大的学区可能设有几所小学或中学，学校的数量取决于辖区内适龄儿童的数量。

公立学校的入学规定只有一条：本地居民。由于美国没有户籍制度，因此本地居民的认定就是指居住在本地的人。不论是美国公民还是外国人，是长期居住还是暂时居住，是合法居民还是非法移民，只要住在本地，其子女就可以就近入学。学校设有负责注册的老师（Registrar），家长只需联系老师索取注册表格、体检表和其他表格，并且提供孩子的出生证（或者护照）和房产证（或者租房合同、驾照、水电气的账单等），一周内即可完成所有入学手续。对于非法移民的子女入学问题，1982年美国高等法院曾做出裁决，判定非法移民子女照样可以享受12年义务教育，任何公立学校都不得拒绝。高等法院的理由很简单：非法移民虽然身份不合法，但他们的子女不能因为父母身份不合法就受到惩罚，这些孩子也是社会的未来，有权得到与其他孩子一样的教育机会。

公立学校不仅免交学费，而且免交课本费。教材由学校免费发放给学生，到学期结束时学生再还给学校，留给学弟学妹们继续使用。孩子们不因免费而在课本上乱涂乱画，这得益于老师和家长从小对他们的教育监督。当然有些费用是需要家长支付的，比如SAT考试费、午餐费、文具等，但和高昂的私立学校学费相比，这点儿支出实在是微乎其微。

---

① 详细数据见附录。

② http://nces.ed.gov/programs/digest/d10/tables/dt10_005.asp? referrer=list

美国的公立高中一般不招收留学生，但有些学校在教育资源充足、经政府严格挑选后可以接收交换生，学习时间最长一年。据我所知，近些年随着国际交流的日益频繁和深入，各省都有一些示范高中和美国的教育机构建立了合作关系，国内优秀的高中生也有机会作为交换生来美国学习。美国公立高中交换生项目是美国联邦政府资助的非营利性政府项目，每年有近 100 多个国家和地区约 3 万名 15～18 周岁的中学生参加美国交换生项目，并享受美国政府所给予的特殊待遇。

1995 年中国政府正式加入该项目，交换生持 J1 签证入境，学习时间为半年或一学年。交换生入住当地友善的志愿者家庭，充分了解美国文化，全面体验美国式教育，同时与美国人民分享自己国家的文化，也为将来申请美国大学做好过渡准备。

从课程设置、教师遴选、教学方法上比较，公立学校和私立学校并无太多区别。对外国学生来说，只要你的签证类型符合申请公立学校的要求，一些好学区的公立高中也是非常不错的留学选择。

吴光华，20 世纪 60 年代生人，十载寒窗苦读，先后考入中国人民大学和清华大学学习，获得经济学学士和 MBA 学位。20 年来一直从事成人教育工作，熟知成人教育的特点和热点问题，在项目策划、教学教务管理和国际合作方面颇有心得。"我有 11 年在清华工作的经历，对高等教育的现状深有体会。在儿子选择出国留学之际，毅然辞去令人艳羡的工作，来到异国他乡开始'陪读妈妈'的生涯。也许有些家长对我的做法不理解或者不赞同，但我深感在最重要的人生成长阶段，父母的言传身教对孩子的巨大影响力。我记录下真实的所见所闻，希望和没有加入陪读行列的父母们一起分享这难得的心得体会。"

附：

1979—1980 学年至 2008—2009 学年美国学区统计数据

Year	Total	25,000 or more	10,000 to 24,999	5,000 to 9,999	2,500 to 4,999	1,000 to 2,499	600 to 999	300 to 599	1 to 299	Size not reported
					Enrollment size of district（学区内注册学生数量规模） Number of districts（学区数量）					
1	2	3	4	5	6	7	8	9	10	11
1979—80	15,944	181	478	1,106	2,039	3,475	1,841	2,298	4,223	303
1989—90	15,367	179	479	913	1,937	3,547	1,801	2,283	3,910	318
1994—95	14,772	207	542	996	2,013	3,579	1,777	2,113	3,173	372
1997—98	14,805	230	572	1,038	2,079	3,524	1,775	2,044	3,165	378
1998—99	14,891	236	574	1,026	2,062	3,496	1,790	2,066	3,245	396
1999—2000	14,928	238	579	1,036	2,068	3,457	1,814	2,081	3,298	357
2000—01	14,859	240	581	1,036	2,060	3,448	1,776	2,107	3,265	346
2001—02	14,559	243	573	1,067	2,031	3,429	1,744	2,015	3,127	330
2002—03	14,465	248	587	1,062	2,033	3,411	1,745	1,987	3,117	275
2003—04	14,383	256	594	1,058	2,031	3,421	1,728	1,981	2,994	320
2004—05	14,205	264	589	1,056	2,018	3,391	1,739	1,931	2,881	336
2005—06	14,166	269	594	1,066	2,015	3,335	1,768	1,895	2,857	367
2006—07	13,856	275	598	1,066	2,006	3,334	1,730	1,898	2,685	264
2007—08	13,838	281	589	1,062	2,006	3,292	1,753	1,890	2,692	273
2008—09	13,809	280	594	1,049	1,995	3,272	1,766	1,886	2,721	246

数据来源：http://nces.ed.gov/programs/digest/d10/tables/dt10_091.asp? referrer=list

第三章　从容前行

第一节　办理签证不求人

初次赴美的朋友都会感叹于赴美签证申请的复杂性。赴美读高中学生要申请 F1 签证，家长如果送孩子要申请 B1 或者 B2 签证。签证申请可以自己办理，也可以委托中介代理，本文简单介绍自己办理的程序。

一、准备好照片

启动护照与签证办理，从照相开始。去照相馆之前务必携带存储设备，以便存储电子照片，而电子照片是办理赴美签证网上填写表格时需要上传的。护照照片和签证照片要求不一样，所以需要特别向照相馆申明，一般的照相馆对护照和赴美签证照片都有了解。

因私护照照片要求如下：

相片尺寸	小 2 寸（48mm×33mm），头部宽度为 21mm～24mm，头部长度为 28mm～33mm。

相片背景	相片的背景应无任何装饰，背景颜色以白色和淡蓝色为佳，请勿使用红色、褐色、黑色等深色。
其他要求	相片必须显示头部的正面，并且不能佩戴帽饰；请勿用订书钉或回形针夹照片，以免相片受损。

赴美签证照片要求如下[①]：

照片的技术规格	（1）获取：照片文档必须由数码相机拍摄获取图像产生，或由扫描仪将纸制照片扫描入电脑产生。
	（2）尺寸：照片像素尺寸必须按照正方形的比率。最小尺寸不得小于 600 像素（宽）×600 像素（高）；最大尺寸不得超过 1200 像素（宽）×1200 像素（高）。
	（3）色彩：彩照（24 位/像素）必须为 sRGB 色空间（多数数码相机的一般性输出）。
	（4）文件格式：必须为 JPEG 的 * . JFIF 文件。
	（5）文件大小：必须小于等于 240 千字节。照片经过压缩后必须低于最大文件大小的要求。压缩比率小于等于 20：1。
扫描时的其他要求	（1）打印大小：如果用扫描纸质照片形成图像，该纸质照片的尺寸必须至少为 51mm×51mm（2 英寸×2 英寸）。
	（2）分辨率：打印出的照片应按高于每英寸 300 像素的抽样率进行扫描。
照片要求	内容：照片必须包含申请人正面的整个面部、颈部和肩膀。申请人必须双眼睁开，表情自然中性，无笑容。拍摄时照相机前面无遮挡物。所有面部特征必须清晰可见无遮挡，不得出现其他无关物品、其他人或者该申请人肩部以下身体的任何部位或其他人造物品。照片必须为申请人 6 个月内近照。
	头部大小：头部的高度或者面部大小（从头顶量起，量到下巴，包括头发）必须为整个照片尺寸高度的 50% 到 69% 之间。眼睛的高度（从照片底部量起，量到眼镜的水平高度）必须在整个照片高度的 56% 到 69% 之间。头部必须直视照相机；头部不得向上、向下、偏向一边或靠近肩膀。头部必须居中。
	背景：必须在纯色或浅色的背景下进行拍摄，不得在拍摄物或背景上出现阴影。

二、准备好护照

中国的护照申请工作已经越来越简化了。尽管如此，我们还是要分享

---

① 资料来源：http：//photos. state. gov/libraries/china/196482/PDF％20File/DS-160％20Digital％20Photo％20Requirements. pdf

办理护照的若干经验，为家长和学生节省时间。

照片准备好之后，按照当地出入境管理局对于护照申办流程的规定办理。以北京为例：

"北京户籍居民申办出入境证件可以先登录北京市公安局网站进行预申请，预申请通过初审后，在网上预约办理时间及受理地点，生成预受理号码并可在线打印申请表格（没有打印条件的申请人，可凭预受理号码到预约办理地点，使用自助填表机打印申请表）。本人持预受理号码、户口簿、身份证、申请表和相关申请材料与预约时间达到选定的接待大厅，按照现场办证流程提示完成现场申请。暂不能进行网上预申请的人员包括部队驻地在京的现役军人、武警、军队离退休人员（未移交地方的）。网上预约未通过初审的申请人须到现场排队办理。办证时限为 8 个工作日（自现场递交申请后第二个工作日开始计算），特殊情况除外"①。

需要提醒的是，备案公职人员办理因私护照需要有关主管部门审批，否则现场提交表格审核不能通过。

如果已经持有因私护照，请检查护照有效期。学生的护照最好有效期在半年以上，如果符合换发条件尽可能办理换发。高中生 F1 签证有效期为一年，如果护照有效期在一年以内，可能面临换护照换签证的繁琐手续。有些留学生出现过因护照有效期过短而被拒绝登机的情况。

三、准备好文件

学生接受一所高中的录取之后，学校将寄来一份入学合同。家长签署合同并按照要求支付学费或订金，学校才将 I-20 表格寄出。

I-20 表格注明了学生的姓名、国籍、出生日期；录取学校的名称、联系人、学校地址和学校代码；录取的教育阶段、专业名称、学习时长、英语水平；年均费用、资金来源等。拿到 I-20 表格之后，需要仔细核对表格的内容准确性。学生要在表格上签署自己的名字。I-20 表格与学校的录取信、入学的合同都是申请 F1 签证的支持性文件。

---

① 资料来源：http://www.bjgaj.gov.cn/jjcrj/? parm=jj1

　　在 I-20 表格的右上角条码有一个 SEVIS 号码。SEVIS 是 Student and Exchange Visitor Information System 的缩写，这个系统是隶属于美国国土安全局（DHS）的，系统管理 SEVP（Student and Exchange Visitor Program）中持证学校以及入读这些学校持有 F 和 M 签证的学生。学校寄出的 SEVIS I-901 Instruction 上面有缴费邮箱，使用信用卡缴纳 200 美元后，会出具电子版收据，务必及时打印下来。示例如下：

Department of Homeland Security – Form I-901 Application – Receipt Confirmation

Student and Exchange Visitor Program: SEVIS I-901 Fee Confirmation　　　　　OMB　　　　　(Expires 1/31/2015)

Please print this page immediately for your records.

Reference the confirmation number below on all inquiries related to your I-901 status. You will receive an I-797 hard copy receipt at the address you provided. You may be required to produce this receipt on your I-797 for visa issuance, admission to any United States port of entry, for any change of non-immigrant status, or other United States immigration benefits.

When you go to the Consulate for your visa, you should bring this receipt or your I-797 to prove you have paid the SEVIS fee.

This credit card transaction will appear on your bill as "US DHS SEVIS"

U.S. Department of Justice
Department of Homeland Security Notice of Action

THE UNITED STATES OF AMERICA	
RECEIPT NUMBER: (Confirmation Number): CCC	**CASE TYPE:** I-901 Fee Remittance Form for F-1, F-3, M-1, M-3 and J-1 Non-Immigrants.
RECEIVED DATE:	**APPLICANT:**
NOTICE DATE:	**PAGE:** 1 of 1
NAME AND ADDRESS:	**NOTICE TYPE:** Receipt Notice

This fee payment is valid **ONLY** for your particular course of study or program. If you fall out of status, apply for a new F-1, F-3, M-1, M-3, or J-1 non-immigrant visa, or if you want to change your non-immigrant category to an F-1, F-3, M-1, M-3 or J-1, you may be required to pay another fee.

APPLICANT STATUS: F-1, F-3, M-1, or M-3
DATE OF BIRTH:
SCHOOL CODE:
AMOUNT RECEIVED: $200.00
SEVIS IDENTIFICATION NUMBER:

Your I-901 fee transmittal form has been received. Please notify us immediately if any of the above information is incorrect.

THIS ELECTRONIC RECEIPT MAY BE USED AS EVIDENCE OF PAYMENT. IN ADDITION, YOUR OFFICIAL I-797 RECEIPT NOTICE WILL BE DELIVERED TO THE ABOVE ADDRESS BY THE RECEIPT DELIVERY METHOD YOU SELECTED.

I-901 Student/Exchange Visitor Processing Fee
P.O. Box 970020
St. Louis, MO 63197-0020
Customer Service Telephone: 785-330-1048
This form issued by U.S. Immigration and Customs Enforcement

https://www.fmjfee.com/i901fee/students/creditcardsuccess.htm　　　　第 1 页（共 2 页）

上述文件准备就绪之后就可以填写 DS-160 表格（非移民签证电子申请表）了。这个表格内容十分繁杂，首次填写需要花费比较长的时间，所以建议申请者在比较完整的时段填写，并随时存档。开始申请之后，你将获得一个申请 ID 号码，也需要保存好，以便多次登录填写。

DS-160 的内容包括个人、住址、电话、护照信息；学生签证信息；工作、教育、培训信息；美国联系人信息；家庭信息；安全与背景信息；旅行信息。这些内容需要使用英文，对英文不熟悉的人可以参阅每个条目出现的中文注释，若实在有困难不妨委托他人填写。我在填写第一份表格的时候花了 2～3 个晚上，所需时间仅供参考。在完成第一年的表格之后，建议除了递交使馆的那份，自己也可以复印一份，这样，下一次填写就节省时间了。上传照片需要按照要求压缩，比较人性化的是，网站上还提供了压缩所需软件的链接。

四、缴费与预约

签证费 160 美元，付款时须使用人民币。在中信银行 800 多家营业网点、中信银行 ATM 自动柜员机缴纳费用，或使用中资银行发行的借记卡在线缴纳费用均可。下面引用的是赴美签证相关网页内容①：

第 1 步

登录我们的在线申请系统，创建个人资料。这有助于保证支付的金额准确无误并且及时接收，以便后续的预约工作顺利进行。签证申请服务价格以美元（USD）标示，应缴纳费用以人民币（RMB）标示。有关各类签证申请费用的详情，请查看此页面。

第 2 步

点击屏幕左手侧的"安排面谈时间"（Schedule My Appointment）选项。依次完成以下步骤：选择移民/非移民签证、使馆/领事馆、签证申请归类和签证类别。

第 3 步

进入支付界面后，点击"支付方式"（Payment Options）。如需查看有关支付方式的具体介绍，请仔细阅读本页"在中信银行柜台办理现金

---

① 资料来源：http://www.ustraveldocs.com/cn_zh/cn-niv-paymentinfo.asp

支付/自动柜员机支付/在线支付"等内容。

签证申请费用对应的人民币（RMB）金额取决于美国国务院发布的领事汇率。如申请人未按照签证类型正确缴纳费用，可能无法预约面谈。

第4步

根据需要选择支付方式，并缴纳签证申请费用。在支付签证费时，系统将发出提示：只有缴纳签证费用才能开始申请流程，并且这笔费用一经支付不予退款。缴纳上述费用并不构成申请人与签证机构之间的合同关系，也不保证签证能够获批。无论申请结果如何，已经缴纳的签证申请费均无法退还。

第5步

保存收据编号。支付流程完成后，请打印收据编号并妥善保管。一旦丢失，将无法替换。如不提供收据编号，也无法进行预约。

第6步

签证费用的支付流程顺利完成，现在即可通过收据编号预约面谈。

面签的预约现在可以在网上完成，也可以致电预约中心话务员电话预约，两种服务形式均免费。感谢上一任美国大使①，在他的任内，大陆人士赴美程序和成本得到有效的改善，费用也降低了。网页预约地址是：http://ustraveldocs.com/。预约面谈时间时，需要提供 DS-160 申请表格上面的确认编码。

五、面签注意事项

面签需要携带：护照，以前颁发的旧护照，带有条形码的 DS-160 申请表格确认页和相关支持性材料。申请人按预约的面谈时间，提前 30 分钟左右到使馆排队即可。

美国领事处不允许他人与申请人一起参加面谈，家长只能在外等候。进入使馆前安全检查很严格，手机、手提电脑、电子阅读器、照相机、手包及背包等都不能带入使领馆。

家长需要叮嘱孩子不管签证官用中文或英文问，都要用英文回答。我们建议学生要熟悉签证申请的基本情况，包括去美国干什么，学校的名

---

① 骆家辉

字，在哪个州，几岁了，读几年级，怎么知道这所学校的，父母的工作及单位，去美后住哪里，遇到困难怎么办，如何面对新挑战等。

签证官会根据学生的申请年级给予不同难度的问题，如申请成功，会留下护照，提供一张附近邮局的单据，要求申请者到邮局申请自取护照或快递护照。我们很少听说对高中生拒签的案例，网上也有一些说明，但我们无法核实其真实性，就不评论或引用了。如果真的拒签，家里应该准备预案，是完善材料继续申请还是考虑去其他国家读书或留在国内就读。

第二节　写在行前

根据美国的教育政策，公立学校不能接收父母不在美国、仅凭护照入境的孩子。不管是为了寻求更好的国际教育资源，或是望子成龙望女成凤，越来越多的中国家长把尚未成年的孩子送到美国上小学或中学，希望以此为踏板将孩子送入美国名校的大门。据美国国土安全部统计，在美国各地私立高中就读的中国留学生 2005 学年只有 65 人，2008 学年猛增至 4 503 人，到 2012 学年更增加至 23 795 人（右图的数据显示在 2008—2012 年间，从幼儿园至 12 年级的中国、韩国、越南的留学生人数）。

亚洲三国在美私立
学校的注册学生数量

在美国 284 所寄宿学校协会（TABS）会员学校中，2010—2011 学年注册的学生中 27% 来自中国，而在 2002—2003 学年只有 1%～3%。与快速增长的国际学生数量相比，美国孩子在私立高中的注册数量从 2005 年的最高值 610 万下降到 2009 年的大约 550 万，其中教会学校的下降幅度较大，占生源流失总量的 80%[①]。对于挣扎在经济困境中入学率和收入双双下挫的

---

① 摘自《华尔街日报》：Joel Millman, "Private Schools' Foreign Aid—Facing Hard Times, U. S. Academies Lure a Growing Number of Asian Students" http://online.wsj.com/article/SB10001424127887324731304578193603834981298

美国私立高中而言，来自中国的新增需求无异于雪中送炭。根据美国商务部的数据，2011—2012 年的财政年度里，外国留学生所交学费和其他开销为美国经济贡献高达 227 亿美元。

年纪尚轻的中国孩子独自一人住校，或者在寄宿家庭住宿，他们的生活并不轻松，陌生的环境、文化、语言等因素让原本看起来很精彩的"外面的世界"充满了彷徨、无奈和孤独。有一位母亲告诉我，1995 年她送女儿来美国麻省读高中，她女儿是当时全校唯一一位来自中国内地的学生。报到第一天，孩子一个人推着两个大行李箱，从校门口走到宿舍楼用了将近 1 小时。女儿和妈妈电话联系时，从头哭到尾，哽咽着说不出一句完整的话。如今，这个当年伤心欲绝的小姑娘已经在美国扎根了，成为一名期货从业者。当我和她交谈时，那自信亲和的眼神给人留下了深刻的印象，她娓娓道来那段寄宿生活，认为这是她人生中最难忘和最宝贵的一段经历。

随着来自中国内地的小留学生越来越多，初来乍到的新生很容易找到同伴，他们可能不会在电话中号啕大哭了，但即便如此，快速适应新环境仍然是所有留学生的第一大挑战。首先是课堂听讲关。几乎所有的孩子在出国前都进行了系统的外语培训和考试，但当他们置身课堂时，最初的半个月几乎是听天书。不仅听不太懂教学内容，一些初中年级的孩子甚至对老师讲到的其他要求也是一知半解。儿子刚入学的第二周，学校安排了一次比较正式的活动，老师要求全体初中生必须穿正装（Formal Dress，女生穿西服、白衬衫和及膝裙，男生穿西装、白衬衫、领带和西裤）。儿子可能没听懂，等早上到校后发现问题，急忙返家换装。幸亏公寓近在咫尺，经过这么一番折腾居然没有迟到。其次是作业关。一些家长对美国的中学教育有些误解，以为孩子在美国学习压力小，比国内的高中生轻松，我不太苟同这种观点。美国的小学生很快乐，但升入中学后，特别是一些学术要求较高的私立学校，学生难得在午夜 12 点前休息，一点儿也不比中国学生轻松。美国中学的作业看似数量不多，但为了能保质保量完成，很多孩子往往要花费 4～5 个小时，不仅要复习看书，甚至还要上网查资料才能完成。中国学生的数理化基础扎实，但文史类的知识与美国学生的差距较大。许多孩子跟我讲，他们不太担心数学和物理，但是对英语、历史等课程很头疼，尤其是写 Essay（2～4 页的短文），不知该从何处入手。这种短文不仅英语课要求写，历史、生物、化学等课程也会要求写。一些学校专门为国际生开设了 ESL 课程①，老师重点辅导语法和写作。如果学校没有这样的课程，那么孩子一定要与任课教师预约时间，寻求帮助（Extra Help）。三是交流关，包括师生、同学、室友和寄宿家庭之间的沟通。环境差异、学习压力和心灵的孤独感交织在一起，加上孩子的表达能力有限，因此课堂讨论时尽管美国孩子说得热火朝天，但中国孩子只能静坐一边旁听，较少表达自己的见解，参与度不够几乎是中国学生的通病，这恰恰是制约学习知识、取得进步的障碍。此外，如果孩子寄宿在美国人家庭，日常生活中的各类事项也需要进行沟通，以免产生矛盾。最后是自我控制关。一些孩子出国后，一旦少了家长监督，立刻像断了线的风筝一样失去了目标和方向，沉溺于游戏、卡通片、QQ 聊天、微信等，浪费了大把的时间，难以自拔。如果寄宿学校的老师或寄宿家庭的监护人责任心强，孩子能收敛很多，否则就只能靠孩子的自我约束和控制能力了。我也看了很多探讨什么样的孩子适合留学的文章，这确实是一个值得家长们深思的话题。虽然很多家庭做了大量的前期准备工作，但决策时还是需要全面客观地评估一下孩子的综合状况，比如身体素质、生活自理能力、自主学习能力、自我激励能力、沟通能力、自我约束能力、辨别是非能力等。如果哪方面有欠缺，应当尽早有侧重地培养和训练。

此外，做好细致的出国前准备工作也是有助于孩子快速转型的重要环节。这项工作非常琐碎，大致可以分四大类。

第一类是有关学业的事项，包括签署入学合同、支付学费、选课和预订教材等。孩子收到录取通知后，学校会邮寄入学合同和支付学费的通知，家长和孩子一定要仔细阅读合同条款。一般各私立学校都要收取金额不等的押金（Deposit），要求在特定的时限内支付，用以保留孩子的入学名额。合同中都会对押金和学费（Tuition Fee）的收取与退费做特别说明。如果没有特殊原因，押金和学费一般是不返还的（Nonrefundable），如果有些孩子同时拿到几所学校的录取通知，在没有确定去向之前，一定要谨慎办理汇款，否则容易造成经济损失。支付学费的方式主要是电汇和刷卡，接收中国留学生的私立学校一般都申请开通了银联业务，因此孩子

---

① ESL 是 English as a Second Language 的缩写，意思即"面向非英语母语人群的英语课程"，主要为新移民、新留学生和国外学者提供。

如果在国内办理了双币信用卡，在美国刷卡交费不失为最佳选择。如果采用电汇方式，家长要保留好电汇单底联，建议家长把合同和电汇单一并扫描后发送给学校。选课和预订教材这类事情孩子要主动承担，学校会根据学分要求、学生的语言能力和爱好提供建议，并与孩子进行交流和沟通。课程确定后，家长可以协助孩子上网预订教材①。经历过一次订书流程后，今后孩子们都能独立完成这项工作。美国的教材价格很昂贵，一般新书的定价在100～200美元之间，二手书略微便宜，再加上不菲的运费，对家长来说也是一笔不小的开支。为了错开学生订书高峰期，网站上经常有一些优惠信息，比如提早预订可以免运费等。二手书的质量大可放心，这也是节约资金的一种方式。

第二类是有关医疗与保险的事项。各学校和州政府的规定不太相同，对国内学生而言，出国前一项重要的工作是参照学校的免疫记录要求，做好补打疫苗的准备（常见疫苗中英文名称对照表附于本章后）。有些学校认可中国医生签字的免疫记录（Immunization Record）或体检表（Physical Examination Form，其中含免疫记录），有些学校则只认可持有本州医师资质的医生护士签字的表格，所以家长和学校沟通时切勿忘记确认此事。学生医疗保险也是关系到孩子在国外就医或紧急情况处置时的重要保障，通常学校会统一为留学生办理保险，或者提供医疗保险的联系方式。10个月的保险费大约是1 000～1 200美元，但不包括看牙病，建议孩子出国前检查牙齿，做窝沟封闭以避免蛀牙。美国学校非常重视体育活动，几乎每天下午所有学生必须参加两个小时的体育锻炼，有时还举行校际友好比赛。孩子们活动时偶有扭伤或擦伤，小症状校医可以处理，但有时需要送医院检查。近几年来，虽然美国的食品和普通衣物鞋帽一直保持物美价廉，但很多人还是抱怨医疗费用和其他服务费用涨幅惊人。我曾经带孩子去医院看急诊，在前台首先出示医保卡和填表，然后等待就医。除急诊外，美国人看病实行预约，所以医院内没有排队和人山人海的景象。即使是普通的医疗中心，设施也非常完善，医生对患者的病情解释得很详细。这次急诊主要是做X光检查，看看脚掌有无骨折或骨裂，然后对患处做包扎处

---

① 预订教材的常用网址是 www.mbsdirect.com，有些书也可以在亚马逊网站（www.amazon.com）上购买。

理。治疗一次这样简单的急症，费用要高达 500 美元左右，由于购买了保险，所以这次急诊我们无须支付任何费用。

第三类是重要的证件。护照、I-20 表格、录取通知书、入学合同、SEVIS I-901 交费确认页等重要文件一定要叮嘱孩子妥善保管，入海关时需要出示。这类文件最好保存扫描件，家长和孩子各保留一份以备急需。

第四类是个人用品，包括衣服鞋帽、通信工具、常备药品和文具等。衣服鞋帽和文具只需保证短时间内够用即可；通信工具、转换插头和常备药品则要准备得充足一些，手机卡要提前申请开通国际漫游业务，以便孩子初到美国时和家人联系。提到文具，笔、橡皮、胶带等可以在国内购买，但美国老师对三孔文件夹（Binder）、笔记本（Notebook）、索引卡（Index Card）、分页纸（Dividers）和计算器（Calculator）等文具的要求和国内学校不同，还需要到专业的文具店购

买。在美国各地，购物区一般都能看到巨大的"STAPLES"的招牌，这是一家专业的文具连锁店，里面小到曲别针、大到打印机等办公用品一应俱全，孩子需要的文具都能一次性购置齐备。另外，学校对体育活动所需的服装和器械等也非常在意，建议来美后购买。总之，这些杂七杂八的事情需要花费家长的时间和精力，但细致充足的准备工作一定会让孩子心无旁骛地投入学习中。

面对一个全新的环境，不止孩子需要经受巨大的冲击和考验，家长们其实也需要适应这种突变。就陪读家长而言，除了短时间内安置好生活，还要安慰和鼓励孩子勇敢面对挑战。青春期的孩子不太愿意向家长讲述转型带给他们的巨大压力，因此经常流露出焦虑、急躁的情绪，甚至和父母亲争吵，家长要尽可能地进行疏导，并给予学业上的帮助。同时，家长可以经常与学校老师保持沟通，及时了解孩子在学校的表现，对可能出现的问题予以指导。有些专家认为陪读是一把"双刃剑"，虽然家长不用担心孩子的安全、身心健康和饮食，但孩子依然过着衣来伸手、饭来张口的日子，生活和学习全由家长计划和安排。在这样的情况下，孩子的独立自主能力会比其他留学生弱。孩子出国不但没有达到锻炼成长的目的，家长也赔上了自己的时间和事业。这些看法有一定的道理，因此，作为陪读家

长，要学会放手，有些力所能及的事情一定要孩子自己完成。来到美国后，我有意识地把一些家务活分配给孩子做，比如组装简单的家具、铲雪、换灯泡、倒垃圾等，有时候孩子特别不情愿，但我要想办法让他独立完成。儿子所在的学校每年会安排国际生的寄宿家庭家访活动，老师们经常会问这样的问题："孩子会帮您做家务吗？""他自己洗衣服吗？""他定期收拾自己的房间吗？"……反观这些问题，我感觉自己还是包揽得太多了。

当我和一些走出大学校园的留学生交流时，谈到中美学生的最大区别，很多人都认为美国学生的目标清晰，较早开始规划自己的未来和职业方向。一位留美博士告诉我，他来美国读商学院，每天早出晚归，发奋读书。后来他发现一个奇怪的现象：他的美国同学把一半精力用在功课上，另一半时间几乎投入各类社团活动中。为什么要花大量时间参加社交活动呢？美国同学告诉他：对于商学院的学生而言，学好功课只是大学生活的一部分，更重要的是为将来的职业铺垫广泛的人脉网络，所以说社交活动也是他学习的一部分。他对此非常感慨，他说中国家长不仅为孩子包揽了家务，甚至规划好了学校、专业和职业，这种无私的爱促成了孩子的依赖性，所以，很多中国留学生到临毕业前才被动地考虑"我适合做什么、我能做什么、我该怎么办"。

雏鹰总要展翅高飞。留学，不仅是一个单纯的学习问题，也是一个生活将发生重大转变的问题。学会做一个放手的家长，也许更有利于孩子适应环境的变化，让他们具备更强的生存技能。

（作者：吴光华）

附：

常见疫苗中英文名称对照表

DTP/DTaP/Tdap	白百破	Hep A	甲肝
DT/Td	白破	Hep B	乙肝
IPV/OPV/Polio	脊髓灰质炎	Varicella	水痘
MMR	麻风腮	PCV	肺炎
Measles	麻疹	Meningococcal	流脑
Mumps	腮腺炎	Flu	流感
Rubella	风疹	BCG	卡介苗
HIB	乙型流感		

第二篇

揭秘高中课程

第一章 CHAPTER ONE

规划重要的
人生阶段

近来在微博、微信上有一篇文章被广为转载，题目是《一位移民美国的家长自白》。文章提到，初到美国时，这位家长发现孩子上学没有教科书，一度认为把儿子带到美国来上小学是一件愚蠢的事。一年后，家长看到孩子的作业标题：《中国的昨天和今天》，家长又认为这样的题目孩子是不可能完成的。但孩子通过自己的研究，出色地完成了作业，使得这位家长要重新去看美国的教育，重新审视不同的教育理念产生的不同的学习效果。

在美国有一项被称为"21世纪技能"的教育改革，要求让学生参与知识获取的过程，促使学生通过思考，主动构建自己的知识体系，融入跨学科问题，要将跨学科的主题，如全球意识、财政、经济、商业和企业能力、公民素养、健康素养、环境素养等，贯穿于核心课程之中。回顾"自白"中那个孩子，没有沉重的书包，没有死记硬背，学习变成了快乐有趣的过程，他已经掌握通过图书馆和上网查资料等方法去获取信息的能力。这种学习的技能正是"21世纪技能"教育改革的三项技能之一，即信息、媒体与技术技能，包括信息素养、媒体素养以及信息交流和科技素养。

掌握了技能并不意味着可以忽略基础，该读的书必须读，该考的试也必须考。比如暑期阅读计划，要求参加该项目的学生在暑假期间至少阅读 10 本与年龄相适合的课外书，并写出每本书的读后感，对于成功完成此项任务的学生，由学校和学区颁发奖励和证书，对于学生参与率高的学校，学区授予特别组织奖。2001 年 1 月 23 日，布什政府正式颁布了名为《不让一个孩子落后》（No Child Left Behind）的教育改革法案。根据这项法案，到 2004—2005 学年，美国公私立中小学所有 3 到 8 年级学生都必须接受各州政府的阅读和数学统考，并且各学区都要对每所学校的考试成绩提出报告。法案要求所有学校都必须在 12 年内使阅读与数学达标的学生达到 100%。

美国采用 A、B、C、D 来划分学期最终成绩的等级。根据美国的评分机制，学生的最终成绩包括课堂成绩、作业成绩、测验成绩、考试成绩和平时表现成绩。考试成绩只是这个机制中的一部分，而且除此之外，在课外活动中获得的荣誉或者义工活动等都会对以后大学的申请有帮助。处在中学阶段的学生一直都在这样一种激励机制中学习。

除了考试评价系统，美国的教育注重因材施教和因兴趣施教。因材施教是指英语、历史、外语、数学等基础课程根据成绩将学生分入普通班和荣誉班。起初在普通班学习的同学如果表现出比较强的学习能力也可以调整到荣誉班。美国高中并不分文科、理科，但是到了 11、12 年级，根据个人兴趣学生对自身规划越来越清晰。在文史和科学等学科的高一年级课程选择上，学生和辅导老师将共同商定选择高一年级的哪个课程，这个选课过程就是学习能力和学习兴趣综合考虑的结果。而更多的艺术类选修课则更多地根据学生兴趣自由选择。比如视觉艺术、行为艺术、艺术史、当代历史、职业课程、计算机、商科课程、体育、外语、戏剧、摄影、演讲、创造性写作、世界问题、音乐、出版与年鉴、合唱、室内乐等。除了修够课程要求的学分之外，没有其他限制或要求，完全凭学生自己的兴趣爱好。兴趣是最好的老师，学习自己喜欢的课程自然要轻松快乐很多。

百闻不如一见，本章从 8、9、10、11 年级选取各科的作业和部分同学的学习感悟，为读者贴近了解和理解学生学习的内容、教师引导的方向与评价提供参考。在部分作业后面，我们还邀请了一些国内的教师进行了点评，也是希望能够让读者对内容形成客观的认识。

第一节　老师的话
——选课与高中规划

首先恭喜你被美国私立高中录取，这证明你有能力在美国最好的中学教育体系中获得进一步的提升。大多数美国的私立高中都是四年制的大学预备学校（College Preparatory School），如果你的目标是进入优秀的大学，你的"万里长征"已经迈出了第一步。

发展了 200 多年的美国"通才教育体系"着重学生智商和情商的综合培养，关注更多的是对人格与整体素质的塑造和完善，其培养的是未来社会的领袖人物、专业领导和企业精英等，所以筛选的都是具有强烈社会责任感和使命感、高度自制力和学习潜能、乐于接受挑战并富于创造力且具有独特潜质与个人魅力的学生。美国的私立高中体制更是对这一理念的发扬光大。

与中国"整齐划一"的高中教育不同，美国私立高中的种种特点允许学生充分按照自己的个性和意愿发展独特的优势和潜能。例如，美国高中借鉴大学的学分制方式，学生只要在满足均衡设计的基础必/选修课程修够学分就能够毕业，所以每个人无需修同样的课程，这样就给学生很大的自由空间，课程可根据自己的能力、兴趣以及个人发展规划来自主选择。同时，由于高中（以及周边合作大学）提供丰富多样的课程资源，学生可自由选择感兴趣的科目或适合自己程度的领域，让个性化课程学习真正得以实现，并且在大学升学时充分展示所学知识领域的深度和广度。此外就是美国对生存教育的重视，这贯穿于幼儿园乃至高中的每一个阶段。生存教育包括培养适应新环境的能力、对于压力的忍受能力、在平等竞争中创造自己独特性的能力、发挥并表现自己优势的能力。这表现在高中阶段，就是如何创造自己的独特性、求异制胜的生存教育。

故此，你在美国私立高中学习的真正目的应该是充分利用学校和社会提供的优质资源，发掘自己独特的优势与个性，完善和平衡整体素质，充分挑战和激发自我潜能，并最终进入理想的大学。而这一切的实现，靠的就是合理完善的长远规划。

那么，什么才是符合美国社会和教育体系认可的价值观呢？简单说来，涵盖的范围包括学术潜力、学术成就、知识的深度和广度、艺术与文化的综合修养、强烈的好奇心、持之以恒的毅力、决断心、独立学习和工作的能力、领导和组织规划能力、团队合作精神、挑战自我的勇气与努力、广泛的创造力、积极的社会责任感、对他人的关爱与尊重、诚实与正直的品格、自尊与自信、成熟的人格魅力以及情感的稳定性等。这些都需要在 4 年的高中生涯中锻炼、培养和展现出来。

实现这样的目标，即使对于土生土长的美国孩子来说都是一个不小的挑战，更不用说是刚刚踏入美国高中的中国孩子。由于中美文化与体制上的差异，中国家长对美国的教育和升学体制本来就了解甚少。而由于传统"刻板教育"的缘故，中国孩子通常缺乏自我管理能力，包括时间管理能力和生活安排能力等。许多孩子尽管在美国高中学习，但对美国大学招生原则和要求还不能完全熟悉，再加上文化习俗和语言等障碍使他们无法与学校的咨询顾问进行有效沟通。这些孩子如果希望能在美国高中阶段有最大的收获，并且想冲击美国常青藤或前百名校的话，不仅需要学业上刻苦努力，更要在课外活动、课程选择、夏季安排、社会实践和公益活动等方面有专业指导下的长远统筹规划。

一个好的长远规划是要根据孩子的具体现状（包括兴趣爱好、优势学科和特殊才能）、个性与经历以及生活和职业理念，再结合家长和孩子的长远目标和愿景去综合分析而设计的。具体而言可基本分为三大支柱：一是学术规划（Academic planning），让学生拥有严格又不失均衡的课程安排；二是考试规划（Test planning），主要是合理规划重要考试时间，制定最佳备考方案，包括 PSAT、SAT、ACT 科目考试和 AP 或 IB 考试；三是课外活动规划（Activity planning），也就是根据学生的性格特点和兴趣在高中期间安排相应的活动，如体育、艺术、课题研究、社团或社会公益活动等。不需要太多或太杂，关键是要主线清晰，展示想象力和胆识，有较长的持续性。

下面就简单描绘一下在美国高中每个年级的基本规划，以供参考。

9 年级是美国高中第一年（相当于中国的初三）。从现在开始，你所有的学术成绩和课外活动就会成为大学申请的组成部分。这一年的主要目的是尽早适应和熟悉高中的资源和教育环境，多选有难度的课程，努力保持好的成绩，多参与课外活动。这一阶段可以将下列原则作为规划的基准。

- 拜会你的高中指导顾问（High School Guidance Counselor），他会帮助你尽快适应学校，了解课程选择，并初步熟悉校内的大学申请辅导程序。

- 多选一些有难度的课程，让未来的大学招生官看到你能够充分利用学校的资源，不断挑战自我。

- 选择一门你感兴趣的第二外语，利用未来的 4 年（包括到相应语言国度短期访问学习等），让你能够熟练掌握和运用它。如果你确定不了，不妨选修拉丁文，它是欧洲主要语言的基础，也是深入认识西方宗教和文明发展的工具。学好它不仅为以后学习其他语言打下基础，也是未来进入人文科学和医药学研究的前提条件。特别是中国孩子，如果有胆识能选此冷门语种，一定会让招生官对你刮目相看。

- 参与或组织一些不同的课外活动，除了呈现你的广泛兴趣外，也有机会发展你的领导才能和团队配合精神。如果中国孩子能够参与辩论队或者戏剧社，不仅是对自我的挑战，也对语言和公众表现能力有提升作用。

- 有机会的话，趁假期拜访一些有兴趣的大学，包括综合类大学（University）和文理学院（Liberal Arts College），了解它们不同的侧重点和差异，为将来确定申请的学校名单做初步准备。

- 如果你修的科目（如生物或历史等）涵盖了 SAT II 科目考试（Subject Tests）的内容，不妨趁记忆清晰时尝试考一下 SAT II，如果成绩不理想，随时都可以重考。

- 尽量广泛的阅读对于中国孩子尤其重要。这可以丰富词汇量，增强写作和思辨能力，深入理解西方历史和文化，为将来的 ACT 和 SAT 考试奠定基础。

- 善用暑假丰富你的经历，不管是旅行、社区服务、义工、音乐表演或是工作实习都是不错的选择。

　　10 年级是很关键的一年，除了继续保持好的成绩、选修更多的高级课程，更要利用这一阶段深入课外活动的参与，并加深对大学申请的了解。这一阶段有一些目标需要达成。

　　● 随着课业难度的提高以及其他活动参与时间的增加，学习如何自律和有效地管理时间至关重要，这也有助于将来更好地适应大学的生活节奏。

　　● 继续选有挑战性的课程（如 AP 课程等），并且努力获得好的成绩，这能够提高你高中 GPA 的含金量。

　　● 积极参与课堂之外的活动，充分发展你的主动性和领导组织能力。一项长远而又有意义的活动更有可能影响招生官对你的看法。

　　● 修习第二外语的高级课程，展示你对该语言运用的熟练程度，例如参与使用该语言国家或地区的文化交流活动。

　　● 如果学校许可的话，不妨尝试考一次 PSAT（SAT 预考）或 PLAN（ACT 预考）。该成绩的好坏丝毫不会影响你将来的升学，其目的是帮助你熟悉考试结构与内容，了解自己需要提高的部分。

　　● 越来越多的高中生会选择在 10 年级时参加一些 SAT Ⅱ 科目考试，因为一些好大学需要几科 SAT Ⅱ 成绩作为申请评估的一部分。

　　● 如果你已经选修了 AP 科目，也可以考虑现在参加 AP 统考，好的分数（4 或 5 分）不仅有可能让你在大学里免除一些学分或免修相应的低级课程（在著名大学），而且由于其有全国统一的标准，所以无须考虑各个高中的教学和评分差异，就可以让招生官直接对申请学生的潜在学习能力作出判断。

　　● 需要开始熟悉大学申请通用表格（Common Application）的要求与内容，以便在未来的两年准备相应的资讯。

　　● 如果有机会，走访更多的大学，研究大学网站，特别关注那些你有兴趣的学校。如果能和相应学校的学生或教授认识，不要错过这种机会。这会极大地展示你对学校的热情和你的主动性。

● 扩大你的英文阅读量和内容范围，这对你的帮助是不言而喻的。

● 暑假是丰富阅历、开阔视野的最好机会。如果有可能的话，参加学校组织的海外课程或服务，或者到慈善机构或公司实习。当然，能够展示你个人特质的艺术或体育活动也是值得考虑的。关键是你能通过这样的经历展示你的独特之处。

11 年级应该是高中阶段最丰富多彩的一年。学校的学习生活对你已经是轻车熟路了，从现在开始要把重心放到未来，充分认知和了解自己的优势和未来发展愿望，规划和参加主要的大学标准考试，细化需要申请的大学名单并对学校（或院系）的具体招生要求做深入的分析研究。

● 秋季是参加 PSAT 考试的最佳季节，你不仅可以用它来准备未来的 SAT 考试，如果你成绩足够优秀，还可以入围"国家优秀奖学金（National Merit Scholarship）"的评奖。幸运获奖的话，你就为大学挣得了第一笔学费，更重要的是，你成为美国应届高中生中前百分之一的佼佼者，这份荣誉也会让你的简历变得耀眼。

● 如果你已经将上大学定为你的目标，现在是你明确理想大学清单的时候，你与家长和辅导老师要根据重要的筛选标准（如地理位置、规模、学费、学生数目、奖学金比例、专业学科或特别项目、职业目标等）开列一个比较实际的清单。例如，你还可以在这一阶段明确你喜欢的学校类别，是选择去综合类大学或理工学院（University/Institute），还是传统文理学院（Liberal Arts College，简称 LAC）。一般而言，综合类大学是以培养研究人才为目的的高等教育机构。而文理学院则以本科教育为主，侧重于培养学生的综合素质，教授也是着眼于传授学问，而不是搞研究。设置课程包括艺术、人文、自然科学、社会科学等各个门类。在大部分美国人心目中，LAC 往往代表着经典、小规模、高质量的本科教育。著名的卫理斯学院和威

廉斯学院就是传统文理学院的典范。

● 现在你要为自己规划出未来半年内参加重要大学升学考试的时间，如 SAT、ACT、SAT Ⅱ 和 AP 考试等，并标注在你的日历上，确保你有足够的时间准备，同时保证可以在大学申请截止期前递交成绩（有时还要考虑有时间考第二次）。有可能的话，可以参加像 Princeton Review 或 Kaplan 提供的补习课程。

● 课外活动的参与：大学招生官希望看到你参与课外活动的持续性和深入性，特别是你在组织中的领导角色。例如，你可以从一名普通的校园参观向导变成校园参观项目的学生负责人或培训者，这足以显示你对学校的热忱、社区的关心以及个人能力和责任的提升等。

● 如果你需要大学奖学金的话，现在可以研究各种奖学金或经济资助的资讯，学校的大学申请辅导办公室或互联网都会提供这样的信息。

● 如果你有体育专长，希望在以后的大学生涯中成为"全国大学体育联盟（NCAA）"一级或二级联赛的一员，并获得相应的奖学金的话，你需要和指导老师沟通，看是否全面满足 NCAA 的要求。

● 根据你对理想大学的申请要求，开始确认能为你提供推荐信的人选。关键是找那些对你有深入了解并能积极展示你的优点的人，像你的学科老师、个人辅导老师，或是你的运动教练、你的社区或义务活动领袖以及你的实习公司的老板等。

● 这个暑假很重要，一定要善加利用。你可以找一个暑期工作或实习机会，如果可以和你未来的专业方向结合就再好不过了。再有，就是拜访你有兴趣申请的大学，与大学招生办联系校园参观和面试。可能的话，认识一下你未来专业领域的教授或是运动项目的教练。你的主动性是与其他申请人拉开差距的关键，当然，你的学业和综合素质的展示还是基础。

● 可以开始起草你的个人陈述（Personal Statement）和相关的申请论文（Application Essays），这是展现自我优势、拉近与学校距离的最好平台，千万不要忽视。你还可以在家长、老师或申请顾问的帮助下，做一个深入的自我分析（SWOT Analysis），清晰认识自己的所长所短。同时，针对每个你想申请的大学，综合你搜集的所有信息，熟悉该校的教育理念、学生面貌、特别优势等。这样在写申请文章时才能做到有的放矢，真正能引发招生官对你的兴趣。

● 如果你有实力和信心参加有关大学的"提前决定"（Early Decision）或"提前行动"（Early Action），一定要在 10 月或 11 月前将所有申请材料寄出（包括标准考试成绩）。当然，前提是你对这两种提前申请方式的优劣有清晰的了解。

12 年级是高中的最后一年，也应该是最辛苦忙碌的一年。你既不能放松艰深的课业和各种社会课外活动（特别是如果你还担当领导组织工作），又要分配大量的精力准备大学申请的方方面面。

● 你还可以去拜访有兴趣的大学，与在校学生和教授交流。可能的话，你不妨听一两堂课，感受一下学生氛围和校园文化。

● 现在是你最终确认申请大学名单的时候了，你要和家长与辅导老师沟通，让他们帮助你确定合理的申请范围和目标。一般而言，你应该准备三类学校：愿望学校（Reach Schools），匹配学校（Match Schools）和保底学校（Safety Schools）。

● 参加标准化考试（SAT、ACT、SAT Ⅱ 和 AP 测试等），确保你的成绩会送到要申请的大学。

● 完成大学申请推荐信。将大学相应的推荐信表格及相关文件发给推荐老师，与他们深入沟通你的目标和职业愿景，以便他们可以有足够的准备。

● 在你的指导顾问的帮助下，完成并寄出所有的大学申请材料，包括成绩单、推荐信、标准考试成绩、个人陈述和文章以及奖学金申请等。保证所有的资讯都准确无误。

● 你的课业成绩依然重要，所以努力保持好的成绩。同时，请辅导老师将你的年中成绩单寄往你申请的大学。

● 4 月份左右应该开始收到大学录取通知。比较所有的录取大学的资讯，包括相关院系和奖学金等。

● 对重点感兴趣的录取学校可以再次拜访，详细了解你未来 4 年的学习和生活，以判别该大学是否适合你。

● 最终选择你想上的大学，完成所有注册程序。

再次祝贺你顺利跨过了学生生涯的重要里程碑。

理查德·殷博士 (Dr. Richard Yin)：北京大学本科毕业，拥有美国分子免疫学博士及工商管理硕士。旅美 20 年，职业跨越科研、制药、计算机、市场策划、管理、教育和咨询，目前专注国际文化交流合作与教育培训。

第二节　学生的话
——美国见闻

在美国的 10 个月，说长不长，说短不短。时间如指间沙，漏得悄无声息。

还记得去美国的那天早上，兴奋得睡不着觉，早早地起了床等着出门，提着收拾出来的两大包行李箱，极有成就感，一副要做大事的样子。现在想想，不过如此。

其实说白了，干的事情本质和国内都一样，所以不要听有些人讲什么以前在中国全班倒数的学生，在美国被哈佛录取了云云。这样的例子有，但千万不要期望你是其中一个。在 98% 的概率之下，在国内成绩好的，在美国照样好，成绩差的也照样差。听这边的一个人说过，美国的教育体制会同时放大人的优点和缺点。我个人觉得很有道理。因为在没有大人约束的情况下，个人的意志就成为你行动最主要的主宰。所以你原来的缺点会因为没有管束而更厉害，而原来的优点会被运用得更加自如。

在美国的学习与在中国的学习一个很大的不同就是它会给予你更多的

自由。这种自由体现在很多方面，其中很大一部分首先体现在选课上。虽然我已经事先了解到是自主选课，但是看到各种各样的课程，一时还是有些不知所措。不同于中国的统一课程，美国高中大多是让学生选择自己感兴趣的以及能力范围内的课程。这样的安排一是有助于减轻学生的压力及负担，同时能让学生了解自己的兴趣和能力程度所在，这样的话，在选择大学专业上会有更多把握。而且在选择课程的同时，学生也习惯于自己做决定，而不是像大多数中国学生一样只会遵守学校和家长的安排。除了自主选课这一方面，老师平时的作业布置和课堂安排同样可以体现出美国式教育的自由。课堂中老师并不会照着课本一步一步教下去，很多时候，视频、原始文件以及课外课题的探索研究成为我们掌握知识的主要方式，而课本知识大多只是作为背景材料在课前就阅读完毕。由于这样的教学方式，学生掌握知识的方式是非常自由、灵活和全面的，理解是美国课堂的第一目的，而不是像中国课堂那样总是要求背诵。同时，美国老师习惯于在周末便将下个星期的作业安排告知学生，有些老师甚至在开学时就将整个学期的作业做成表格发给学生。虽然这样有时会有偏差，但是有一个好处，那就是学生可以根据自己的学习情况选择性地提前完成作业。有时候，如果某天晚上所有老师的作业都特别少，学生就可以提前完成第二天的作业，确保每天都有合适的作业量。而且，在作业提前发布的同时，美国老师会非常小心地控制作业的数量，确保学生在 45 分钟之内完成。虽然国内的高中也有类似的规定，但是学生通常都会直接忽视，不管花多长时间也一定要完成作业。当然，对于我们国际生来说，英语和历史自然要多花些时间，所以通常都会比美国学生多用一倍的时间来完成作业，对此我认为也是恰当的。可以控制作业时间的最大好处就是给予学生自由学习的空间，好学生可以更多地拓展课外知识，或者专注于自己感兴趣的方面，这有利于培养学生自主学习和利用时间的能力，同时可以让学生更加明确今后自己要走的道路。

除了对于在美学习生活的感悟，对于美国的学校环境和气氛我也深有感悟。在新学校上课的第一天，我非常惊异地看到美国同学很随意地到处乱坐，走廊、楼梯、草地上，一切可以落脚的地方都有学生，他们或者做作业，或者看电影，或者聊天。而老师与学生之间的关系也非常亲密。平时在课间，常有学生和老师聊天并相互开玩笑，而有些学生在平时没事时更是会直接窜到老师的办公室里（这里说明一下，这里的每个老师都会有一间自己的教室，或是两位老师共用一间，而这间教室就是老师的办公室。）说说笑笑，或者是蹭一点儿零食什么的。我的统计学老师 Mrs. Agulian 就是一个最典型的例子，她每次上课前都会发给我们一些小零食什么的。有一次，她拿 M&M 巧克力豆做统计误差的实验，每人一袋，上完课就送给我们吃了。虽然近年来中国的学校也提倡老师与学生做朋友这样的概念，但是这种尊卑有序的观念毕竟还根植在学生的心中，所以，虽然表面上说说笑笑，但是面对老师时总是会有一些惧怕的心理，是做不到像美国师生一般亲密的。初来美国上课，上完几堂课之后我就觉得非常奇异。中国老师一般以效率为主，上课就要有上课的样子，课堂进程非常严密紧凑。而美国老师就不同了，上课聊天是可以的，随便走动也是可以的。这种"散漫"的表现会随着年级的递减而逐渐递增。比如说，与我住在同一个家庭的 9 年级男生就时常会一脸无语地给我们描述他的历史老师，上课一共 45 分钟，前 30 分钟他是必定要聊聊天的，要么是国际最近发生的事情，要么是哪个同学最近又去了哪里游玩，然后拖到最后 15 分钟清清嗓子："同学们，请把书翻到××页，我们开始讲今天的内容……"然后又把要讲的内容急急忙忙拖课讲完，讲不完的话可能还要留个尾巴明天再讲。虽然这样上课的确很没效率，不过话又说回来，这反而是对学生课前预习的高水准要求。因为有些老师上课时是不能保证把所有内容全部讲到的，所以学生就必须在课前把书上内容自学，或是课后重新温习一遍，这样反而培养了学生的自学能力，从而对今后的学习都是受益无穷的。

说实话，在美国学习在一定程度上确实发生"智力倒退"的现象。比如本人，在中国是读完高一的水平，现在在美国读了一年，估计只有初二的水平了。但是有一点却是国内比不上的，那就是我的关注点明显开阔了许多。在国内，我们需要做的唯一一件事情就是要把学习成绩弄上去，其他的并不需要多考虑。虽然有个别人是有着非常明确的人生目标并且早早就为自己的未来做好打算的，但是大多数学生其实只是盲目地跟着学校学、学、学，唯一的目标就是考个好成绩，而完全没有未来的打算什么的。但是在美国，由于很多东西都是开放化的，所以学生很容易通过平时的学习以及自主选课这一行为了解自己的兴趣爱好和长处缺点，对于自己的未来相比于国内的学生来说有着更为清晰的定位。即使还没有特别确定自己一定要学什么，但或多或少是有着自己的一点儿想法的。

以上就是我在美国学习的几点感悟，在这里与大家分享。

我是**陆子琪**，在美国上高中。算算已经在美国待了两年，这个暑假一过便是最后一年的高中生涯，想想不禁觉得有些怅然。

我在美国读的高中叫做 Hamden Hall Country Day School，是一所全日制的走读学校。学校位于康州一个名为 Hamden 的小镇，与位于 New Haven 的耶鲁大学可以说是一墙之隔。记得我刚到这里的那个暑假，对于耶鲁大学的英式建筑风格简直无法抗拒，每天中午都要在里面乱逛半个小时。

在父母的影响下，从小就喜欢旅游。自然的山水风光，草原的辽阔和大海的风情在我看来是陶冶身心的最佳方式。迄今为止中国的省份大半都已经涉足，然而我最喜欢的还是西藏。不同于江南地带的秀气山水，西藏的荒凉是另一番的大气磅礴，对于自认为内向型人格而更偏爱独处的我来说更对胃口。

除了旅游，平时的自己就和与我同龄的广大文艺女青年一般无二，好吧，至少我在朝那个方向努力中。看看电影、翻翻书都是我生活中必不可少的一部分。有时候心血来潮，也会在书店泡上一整天，然后满足地拎着一两本书回家去。

我从一年级开始练羽毛球，之后虽然没能以它为专业方向继续深入，却也作为兴趣爱好继续保持了下来。在中国就不用说了，即使在美国这样羽毛球并不普及的地方，我依然坚持每个星期都去耶鲁大学的体育馆打几个小时。这样的活动既能让我得到身体的锻炼，又能让我得到交友的机会，何乐而不为呢？

第三节　学生的话
——各色生活

下面的文章是小作者所在学校 10 年级英语课的一篇作文，其成绩作为期末考核成绩。在这篇文章之前还有一封卷首语，在卷首语中，小作者比较全面地回顾了对文章的修改过程和一年来所学习的英语写作方法。我们在编辑的时候，把卷首语放在了第三章第一节的写作漫谈之后，希望读者对照阅读，从中体会英语写作的教学方法。

Similar Life

English 10
06/07/2013
Sharon Gu

I took the plane to Newark on August 29th, 2012, United Airline, number 088. I looked at my watch as the plane took off; it was just on time, 3:45. The vibrating plane cut my thoughts. I looked outside and saw the brownish yellow ground rapidly pass through the window. As the plane rose higher, my heart beat faster. I felt like I were a bird that escaped from cages, and were able to fly freely in the sky.

It may be because my mind was filled with anxiousness and excitement; I hardly remember the trip on plane, but it's not a beautiful experience to remember anyway. I did dream about being a good student in America, because I was deceived by those words about the U. S. education in China. Almost everyone told me the American education is very easy to deal with. As some people told me: "The math is like our lower school math." "Don't be afraid, you will be a top student." "You won't feel any pressure there..."

After ten months of studying in Hamden Hall, I want to tell those people they are totally wrong. The teaching material of the U. S. is even harder for me. Until now, I still think I may be more used to Chinese education, at least in some courses.

One day, I trembled in the car. It was like waking up from a dream. In my dream, I was still in China fighting for high school entrance exam with friends who speak the same language. Then I surprisingly and sadly realized that I was in America and on my way to Hamden Hall. I thought that my one-year American life was even more like a dream. This is my motive for writing this essay. I want to write down the differences brought by that flight, both the great experiences I had in America and in China.

Our morning starts with chatting. Students talk about shows, pets, or homework from different courses. Sometimes the class has already started while the teacher is talking to other students. There are students coming late in two or three minutes and hurrying to their seats. All the classes are more likely to be a small group discussion. Only 16 students are in my Civilization class, and we all sit around a big table. Today's topic is about the Milgram experiment. It is an experiment to test how obedient people would be under the authority. One student raises her hand and talks about whether it should be carried because it is putting a lot of pres-

Our morning starts with the reading voice of students, the scribbling sound of pencils, and the tired yawns of classmates who stayed up late. When the class bell rings, everyone has to be quiet and sitting on their seats. In fact, when the preparatory bell rings we should stay in classrooms to wait for teachers to come. Textbooks are tidily put at the upper left corner of the table. As the teacher announces, "Class begins," everyone stands up and says, "Hello, teacher." The classroom gets quiet immediately; the only person who has the right to talk is our teacher. Our job in the class is to copy down what teacher writes on the board. No one

sure on the experimenter. Our Teacher encourages different opinions, and students are willing to think differently.

In the 5 minutes' break between classes, students file out of different buildings. Huge backpacks on students' shoulders look like shells that bend down their bodies. Colorful clothes dazzle my eyes and show the great youthfulness of teenagers.

My Civilization and English class both require essays, which is really a challenge for me, as I need to choose my own topic and write freely. The 4 pages' required length could make me struggle for the whole night, and words slowly flow out on the computer screen. I have to go back and change something with only a few words. When I was writing my 5-page term paper, I stayed up all night. I believe I must look like the famous Japa-

likes to question our teacher. It is like a showing off action in China.

In the 10 minutes' break between classes, students either stay on their seats or hurry out to get some water. Piles of books are stuffed in desks, as well as snacks and drinks that are not allowed to take into the classroom. The same uniform on every student creates a unified scene throughout the campus.

My Chinese class needs compositions in every exam, and it has to be more than 800 words, which is always a panic to me. The complex Chinese characters fill in pages like ants crawling on papers. I know this description is strange, but to me it is that feeling. The essay is judged on affection. The more emotional your writing is, the higher grade you will get. But how many impressive things can happen in these short years of a middle nese ghost blankly staring at the screen.

"Where should we go now?" "Library, as usual." Different classes have different classrooms. Civilization classroom has a big table for discussion. On the wall there are several maps. Math classroom is decorated with posters about Pascal Triangles. Chemistry classroom is filled with models and tools. We shuttle in and out of different classrooms during different times of the day. It is fun to find out where the classroom is for the first time. But now I think I am more used to an unchangeable classroom that records every little thing in life. Or maybe I just do not want to move.

We quietly wait for the teachers to hand back our exam papers. Since they are folded, others cannot see the scores. Students

school student's life? Everyone turned to make up stories that could affect teachers. To me, it is more like a task than a free expression.

"Where should we go now?" "Back to classroom as usual. I think the teacher asked us to be there by 12:30." "Well, it seems that we have no choice. I will go out of school tomorrow to get that magazine then." A classroom on the fourth floor of the middle school building contains three years of my memory. I remember when I was sweeping the floor, it accidentally led me to find out secrets written on the paper; I remember printing funny things on the white walls and I had to clean them up by hand; I remember watching classmates fighting on the narrow paths.

The busiest time in a year is after the exam. We compare our answers to estimate our grades and go back and forth to do ask about grades sometimes, but most of the time grades are private things. The comments that teachers give out are detailed and encouraging. Also, we are welcome to talk to our teachers about this. I remember that my chemistry teacher is free during the A, D, and E period.

teacher's office to see if we can get some evaluation or ranking. Some come back with a victorious and complacent grin; some come with head hanging in frustration. My teachers like to call out the highest score and its winner. Sometimes I am so happy that I was called out, but I had to make a normal face not to anger my classmates.

Although a lot of things have changed during these months, there is still something that remains the same. For example, the feeling when I finish my work. As I type down this line, I suddenly feel at ease.

谷欣然 (Sharon Gu)：北京十一学校初中毕业，2012 年进入康州私立高中就读 10 年级。为人热情开朗，兴趣多样，发展全面，社会活动活跃。学业上勇于尝试，在老师指导下独立完成了有关卤化锂的一系列实验，并向学校理事会报告研究成果。2014 年被接纳为 The Cum Laude Society 成员，并且获得 The Michael Musso Science Scholarship Award。艺术方面，在学校参加了交响乐团和爵士乐队。联合创始了学校的动漫社，并担任俱乐部主席，组织参加中国新年活动。积极参与社会实践，曾在国内创新性企业——36 氪实习。

各色生活

2012 年 8 月 29 日，我搭乘美国联合航空公司的 088 次航班飞往纽约的纽瓦克机场。飞机起飞时我看了看手表，刚好是下午 3 点 45 分。起飞的震动打断了我的思绪，我转向窗外，看着棕黄色的地面从窗外飞速划过。

随着飞机越飞越高，我的心跳也越来越快，感觉自己就像是一只逃出笼子的小鸟，可以自由地在天空中展翅翱翔。

或许是因为脑子里充满了焦虑和兴奋，我基本上不记得飞机上的行程了，不过话又说回来，反正那也不是特别美好且值得记忆的旅程。我曾想过在美国我会成为一名高材生，因为我被国内那些关于美国教育的说法欺骗了。几乎所有人都告诉我说美国的教育非常容易搞定。正如有的人跟我说："他们的数学就是我们这里低年级的数学。""别担心，你肯定会是个尖子生。""在那里你不会觉得有压力的……"

在汉姆顿经历了 10 个月的学习之后，我想告诉那些人，他们全都错了。对我来说，美国的教材甚至更难。直到现在，我仍然觉得自己可能更适应国内的教育，至少在某些课程上是这样。

一天，我在去学校的车上颠簸着，突然从梦中醒来。在梦里，我身在中国，在和讲着同样语言的伙伴们一起为中考奋斗着。然后我惊讶而又悲伤地意识到，我是在美国，而且正在去汉姆顿上学的路上。我想，或许我这一年的美国生活才更像是一个梦。这就是为什么我要写下这篇文章，写下那趟航班给我带来的巨大的不同，写下我在美国和中国的不同经历。

我们的早晨是从八卦开始的，同学们聊着电视节目、宠物，或者是各科的作业。有时候已经上课了，老师还在和同学聊天。总会有迟到两三分钟的学生，急急忙忙地奔向自己的座位。整个课堂更像是小组讨论。我们的历史课只有 16 个学生，而且我们都围着一张大桌子坐着。今天的话题是米尔格拉姆实验，这个实验测试的是听话的人在权威的治下如何表现。一位同学举手质疑这样的实验是否应当进行，因为被实验者面临着巨大的压力。老师们鼓励不同的观点和意见，而同学们也愿意各抒己见。

我们的早晨是伴随着同学们的读书声、铅笔的划拉声和熬夜学生疲惫的哈欠声开始的。上课铃声一响，同学们必须保持安静并且坐在自己的座位上。事实上，预备铃响了以后，我们就要在教室里等着老师过来，教科书要整齐地放在桌子的左上角。当老师宣布"上课"的时候，所有同学起立，并喊"老师好"。然后教室里瞬间就安静下来，唯一拥有话语权的就是老师了。在课堂上，我们的任务就是抄下老师在黑板上写下的东西。没人喜欢向老师提问，这在中国被认为是显摆。

课间休息只有 5 分钟，同学们穿行于校内的楼宇之间。大家肩上都背着一个大背包，看上去就像是压了一个沉重的乌龟壳。但是，多彩的服装又亮瞎了我的双眼，青春期的少年青春逼人呐。

我们的英语课和历史课都要求写论文，这对于我来说确实是一个挑战，因为我需要自由选择主题并写作。论文长度要求为 4 页纸的时候，我就要熬夜了，屏幕上的字一点一点地被"挤"出来，有时候会返回去对前面的表达做一些小修改。学期论文长度要求是 5 页纸，我熬了一整夜。我觉得我当时看上去一定和著名的日本鬼片里的贞子似的，双眼空洞地盯着电脑屏幕。

"我们现在该去哪儿？""像往常一样，去图书馆。"上不同的课要去不同的教室。历史课的教室里有一张讨论用的大桌子，墙上挂着几张大地图。数学课的教室里贴满了帕斯卡三角形的海报。化学课的教室里摆满了模型和工具。每天我们穿梭在不同的教室之间。刚开始找教室是件非常有趣的事情，但是现在，我更希望拥有一间固定教

在 10 分钟的课间休息时间，同学们要么待在自己的座位上，要么急匆匆地出去打点儿水。成堆的书都被塞到桌洞里。当然，除此之外，桌洞里还藏着不允许带进教室的零食和饮料。学生们都穿着同样的校服，在整个学校形成了一致的景象。

我的语文课每学期考试都有作文，而且不得少于 800 字，这一点总是令我恐慌。写满复杂汉字的作文纸就像是爬满了蚂蚁。我知道这么说很奇怪，但是对我来说这种感觉真实存在。文章的评判标准就是感染力，写得越煽情就越能拿高分。可是在中学生短短十几年的生活当中又能发生多少令人印象深刻的事情呢？于是大家都转向去编那些能打动老师的故事了。但对我，这就是一个任务，而不是自由的表达。

"我们现在该去哪里？""像往常一样，回教室，老师让我们 12 点半到。""看来也没什么选择了，我只能明天去校外取杂志了。"初中教学楼四层的那间教室里包含了我 3 年里所有的记忆。我记得当我在拖地的时候，意外发现了纸条上的小秘密；我记得在白色的墙面上印出有趣的图案，又不得不用手擦掉；我还记得在狭窄的楼道里看同

室，来记录生活中的点点滴滴。或者，我只是懒得动了。

我们在等着老师拿回试卷的时候静悄悄的。试卷是折叠着的，别人都看不到分数。有时候同学相互也会问及成绩，但是大多数时候成绩就是个人隐私。老师给出的意见是既详细又充满鼓励的。老师也欢迎同学们就此与他们进行讨论。我记得我的化学老师在每天的 A、D、E 等时段①有时间，欢迎我们去问问题。

学之间打架。

一年当中最忙的时间就是考试之后了。我们相互对答案来估计自己的成绩，一次次地去老师的办公室，看看是否能得到一些评价或排名信息。有的同学带着胜利的喜悦昂首挺胸地回去了；有的同学则是垂头丧气地回去了。老师们喜欢宣读出最高分及其获得者。有时候我被读到名字，虽然心里非常高兴，但是为了不惹同学生气，我的表情还要跟没事人一样。

尽管在过去的几个月里发生了许多变化，但是有些东西还是一成不变的，比如写完作业时的感觉。当我敲下这行字的时候，我觉得一下子轻松了。

（译者：王训建）

---

① 课表每天分成 A～F 共 6 个时段。

第二章 高中"学前班" 8年级

美国的初中、高中给人感觉差别很大。有些国内同学担心高中不容易适应，可能选择入读 8 年级作为过渡。所以我们刻意选取了 8 年级的功课展示给学生和家长，供学校和中介机构参考。

第一节 英语
——我的狗

My Dog

If you really want me to talk about this, the first thing you may want to know is that he is my dog, a really really silly dog. He grabs my pillow every night! Once I kicked him under my bed, and he jumped on my bed and bit me again. I had to fight with him on my bed. I can't believe that I fought with a dog, and I lost. I thought that makes no sense, so I pushed him out of my door and locked it. It is my room, isn't it? But anyway, he is my dog, so I have to take care of him. I promise I have never had a dog like him. He sees anywhere as his bathroom. That's a terrible habit. When I was in China, I never let him wear a dog chain, and he never barked at anyone. He did something that I never thought he would do. When I was walking with him, I didn't have the chain. He followed me all the time. One time, though, suddenly he ran away, and stopped at the middle of the street. That was 10:00 pm, so there were no cars in the street. Why did he stop in the middle of the street? After a few seconds, I knew the answer. He smelt around and squatted right in the middle of the street. He thought that was his bathroom!

I can't believe that happened to my dog! He left a piece of shit right in the middle of the street. I bet he is the bravest dog in this world. I don't know how I can describe him. He was crazy, even more crazier than my aunt. When I was thinking about how I could take my dog's feces, a car came... I can't say how the feces smelt. Anyway, that means I have to chain my dog next time.

Another thing about my dog is that, he has never beaten any cat. That's all I worry about. I mean, if he really wants to fight with a cat, the result is that he is beaten by a little cat, Ha! I was trying to teach him how to fight but he never listens to me. That's his problem, so I decided to let him choose his life.

If you want to know why there is a scar on my forehead, I will tell you the truth. My dog did that great job. Most people think he scratched me or something. When I was 11 years old, I played with him at home. He fought with me just because I robbed his toy bug. He almost got mad! So he pushed me on the ground and bit into his toy. He was trying to get his toy back, and he did it. He ran away as quickly as he could. But I didn't give up. I called that bullshit. I was crazy sometimes, you know. So I chased him. When he turned into my room, there was something on the ground that tripped me. My mom said she heard something make a big noise, like rat-tat. Then she went out of her room and saw me lying on the floor. Then I went to hospital and stitched my wound. I collided with the door. The doctor said if that door was made of iron, I wouldn't be standing here.

But I forgave my dog, because it wasn't his fault. It was the door's fault. I was so mad that I kept punching my door everyday. Anyway, back to my dog. Both of us like eating. We are unstoppable when we are having lunch and dinner. I tried my dog's food once. I figured out that dog food smells so good, but when you really eat it, it tastes like my aunt's dish. The funny thing is, my dog always puts his leg on my leg when he is watching me eat. I think he is poor, so I let him smell the food, then I continue eating it. That's fair enough.

To tell you the truth, I spent one night finishing this story about my dog.

我叫**薛楸禹**，是一名来自安徽合肥的美国留学生。现居学校为处在康涅狄格州 New Haven 的 Hamden Hall Country Day School。我呢，虽然成绩不是太好，但是能说一口流利的英语。个人比较喜欢和外国朋友交往。当然啦，我的中国好哥们儿也不少。

我的个子是 1 米 72，15 周岁，最爱的动物就是狼，其次是各种各样的神话动物。我喜欢狼的程度达到了希望快快长大，然后在后背纹一匹狼的图案。平时喜欢看日本动漫和玩游戏，当然，一天最开心的时候就是打棒球的时候。

我两年前初到美国时就被美国人最喜欢的体育项目之一棒球吸引住了。没有玩过棒球的同学们不知道，当对方将球击打到外野的时候，我的心情简直不敢想象！当棒球稳稳地落到我的手套里时，球与手套撞击一刹那的声音和震感能赶跑一天不顺心的压力！秋天的时候，在学校提供的所有运动里，我最喜欢的当然还是足球！只可惜棒球才是我的真爱！

我在中国的同学都认为美国学习很轻松，不需要费什么脑子，其实，也没有他们想得这么简单。我们虽然学习的内容很简单，但是工作量比较大。中国学校注重作业和考试，我们却有 Essay, Project, Presentation, Term Paper, Quiz, Test, Exam, Pop Quiz, Slide Show, Lab Report, Creative Writing 等，都是一些比较麻烦的东西。学英语真的不轻松啊，托福、SAT 什么的，都是每一个留学生的仇人啊……

 国外教师评语 ➤

Let's talk this through during extra help. You have a great start, and I know, with a little more proofreading and some guidance, you will be right on track. 80%

我们在课外辅导的时候仔细聊聊吧。你有一个很好的开始，我相信今后你只要再细心一点儿，再多接受一些指导，一定会越来越棒的。80分

我的狗

如果你真的想听我说说我的狗，那我首先得告诉你，它是一只很傻的狗。每天晚上它都霸占我的枕头，如果我因此把它踢下去，它就会再跳上来咬我一口。我不得不在床上和它展开战斗，我简直不敢相信，自己竟然和一只狗打架，而且我还输了。但我觉得这样的争斗毫无意义，这是我的房间！于是我把它轰出去，然后锁上门。但不论如何，我是它的主人，我有义务照顾它。我发誓从来没有见过这样的狗，它有一个很可怕的习惯，就是不分时间地点地任意大小便。在中国的时候，我一直没给它栓链子，它也从来不向陌生人乱叫。它的行为超出了我的预料，当它跟我出去时，虽然没有链子，但它也会紧紧地跟着我。但是有一次，走着走着它突然跑开，在马路中间停了下来，幸好当时是晚上10点多，路上车很少。它为什么要待在那儿？几秒钟后我知道了答案，原来它把那儿当厕所了。

我简直不敢相信这是我的狗干出来的事！他在马路中间拉了一泡屎，我打赌它是世界上最勇敢的狗，我简直不知道应该如何形容它，它甚至比我那个疯狂的阿姨还要更疯狂。当我正在琢磨要怎么把这坨粪便弄走时，一辆车飞快地开了过去，此时这坨粪便已是面目全非。我想，下次一定要拴好狗链再带它出来。

另一件让我很担心的事是我的狗从来没和猫打过架，我的意思是说，如果有一天它真的和猫打架了，估计也是它输。我曾试图教它如何与一只猫打架，但是它不听我的，算了，就让它自生自灭吧。

我的额头上有一道疤，这还是拜我的狗所赐。别人都以为是被它抓伤的，其实事情是这样的：在我11岁那年，有一天我和它在家里玩儿，因为我拿了它的玩具，它几乎要疯了。它把我扑倒在地，然后去夺它的玩具，在它把玩具重新占为己有之后，就一溜烟地跑没影儿了。你知道，我有时会有点儿疯狂，所以我没有放弃，我边喊边追它，当我跟着它跑进我的房间后，我被地上的东西绊倒了，我的妈妈听到"砰"一声巨响后奔向了我的房间，看见我躺在地板上，她赶紧带我去医院处理伤口。医生说如果我撞上的那扇门是铁做的，就不会如此幸运地站在这儿和他说话了。

我原谅了我的狗，因为这也不是它的错，而是那扇该死的门的错。再来说说我的狗吧，我们俩都喜欢吃，一顿都不能落下。有一次我尝了它的狗粮，闻起来很香，但当我真的吃下去，那味道简直太恐怖了。可笑的是，每当我吃饭时，我的狗就会把两只前爪搭在我的腿上，看着我吃，我觉得它很可怜，于是我就让它闻了闻，然后继续吃我的。我觉得我对它已经很不错了。

说实话，我花了一整晚的时间来写这个关于我的狗的故事。

（译者：王艳）

第二节　历史
——政府与救灾

Should FEMA be privatized?
(联邦应急管理局是否应该私有化?)

这是一个辩论题，除了如下参考阅读材料外，课堂上还提供了正反方各 4 条论点。下面是作业的参考材料：

http://disaster. ifas. ufl. edu/pdfs/chap03/d03 - 07. pdf

http://www. fema. gov/disaster-process-disaster-aid-programs

http：//globalpublicsquare. blogs. cnn. com/2012/10/31/
what-sandy-says-about-government/? iref＝allsearch

http：//www. businessinsider. com/hurricane-sandys-impact-
on-the-us-economy-2012-11

http：//seattletimes. com/html/edcetera/2019559387 _ hurri-
cane_sandy_forces_mitt_ro. html

http：//economistsview. typepad. com/economistsview/
2005/10/the_role_of_gov. html

http：//www. businessweek. com/news/2012-11-05/sandys
wrath-gives-obama-boost-in-debate-on-federal-role

- Hurricane Sandy costs are now ranging between
  $30～$50bn.

- The state definitely cannot handle this type of money by
  themselves. It is too much pressure. After a disaster like
  this the state is already having problems so they need a fall-
  back system such as FEMA from the government to give
  them some type of relief that they will not have to provide
  by themselves.

- The point of the federal government is to act as a fallback
  system for the states，therefore disaster relief needs act as a
  fallback system for the states.

- Does any of this changed if this is privatized? is federal tax money still involved?

http：//www. palmbeachpost. com/news/news/opinion/editorial-privatize-fema-wash-that-idea-away/nSsdp/

● 2004：FEMA was generous to Florida.

● Normally FEMA repays 75 percent to state and local governments for disaster reliefs. In Florida the percent was 90 percent.

● This makes it much easier for the states because they don't need to worry and be stressed after a storm. The government can step in and help the states to make sure they are up and running. This causes the states to have a system to fall back on.

http：//disaster. ifas. ufl. edu/pdfs/chap03/d03-07. pdf

http：//www. ourbroker. com/news/privatize-disaster-relief 11-0512/

One way to limit government，so we are told，is to dump the Federal Emergency Management Agency (FEMA) and outsource disaster relief to private companies. But private companies need to make profits. So who will pay for relief equipment which sits in staging areas unused for months and years? Who will pay for the specialists needed to operate an emergency relief program? No less important，what would private relief companies charge for their services when needed?

We already know the answer. Wikipedia reported that in ancient Rome, "one of his most lucrative schemes took advantage of the fact that Rome had no fire department. Crassus filled this void by creating his own brigade—500 men strong—which rushed to burning buildings at the first cry of alarm. Upon arriving at the scene, however, the firefighters did nothing while their employer bargained over the price of their services with the distressed property owner. If Crassus could not negotiate a satisfactory price, his men simply let the structure burn to the ground, after which he offered to purchase it for a fraction of its value."

As both Crassus and Hurricane Sandy show, privatizing disaster relief is not just a bad idea, it's another form of disaster.

● How will they get the money to run the private agencies?

● Some citizens cannot afford their high prices.

● Federal government will provide money for those who were hit by storm.

● They will prepare for future hurricanes.

● 27 out of 32 people in a survey would prefer federal over state government.

http：//en. wikipedia. org/wiki/Federal_government_of_the_
United_States

● In 2009，President Obama picked a professional as the
agency's（FEMA）chief-Craig Fugate，the well-regarded
emergency director in Florida.

http：//www. nytimes. com/2005/10/09/business/
09view. html？pagewanted＝1&_r＝0

作业完成情况如下：

Opening Statement

We argue that Federal disaster relief is superior to privatization. There
are several things that the private industries accomplish more effective-
ly in our free economy. Private companies excel in mass-producing
products inexpensively.

However，some things are best left to the federal government. Recov-
ering from a major disaster，such as Hurricane Sandy，can be viewed
as a matter of national security. An effort that is large requires great
investment and transparency. Privatizing this effort would be difficult
and may make a real disaster response unpredictable and unreliable. If
we decide to downsize FEMA (Federal Emergency Management Agen-
cy)，not all states will have the same resources，so the responses will

be inconsistent. We should focus on improving FEMA, not setting up a new system.

One question I hope our opponent has the answer to is how the state will pay for these private agencies. Private industry is a significant part of our economy, but, you get what you pay for. Privatizing disaster relief might save the country money in the short-term, but would come at great expense in the future. Our country depends on effective disaster relief, and this is not something that should be compromised. When it comes down to safety from catastrophic events, people want to know that the federal government regards their issues with national importance.

（作者：薛楸禹）

开场白

我们认为，联邦救灾优于私有化。在自由经济的条件下，有些事情由私营行业运作更为有效。私营企业在规模化生产方面的成本更加低廉。

然而，有些事情最好是交给联邦政府去执行。比如从飓风桑迪这样的重大灾难中恢复，这可以被视为国家安全问题。这是一项需要巨大投资和广泛的透明性的工作。如果把这项工作私有化，将会十分困难，而且可能导致对灾害的响应变得不可预期和不可靠。由于各州资源情况不同，如果我们决定缩减联邦应急管理局，应急响应会不一致。我们应该着力改善联邦应急管理局，而不是建立一个新的系统。

我希望辩论的另一方回答这样一个问题：如果缩减联邦应急管理局，州政府应该如何向私营机构付费？私营部门是我国经济的重要组成部分，但是，得到必须要付出。灾难应急部门的私有化在短期内可以节约国家的资金，但未来需要付出巨大的代价。我们的国家依赖于有效的救灾，这一点不容妥协。当巨大灾害平息以后，人们希望知道联邦政府把他们的事情当作国家大事来看。

（译者：王训建）

第三节　戏剧表演
——独白：表哥之死

The Monologue

(Sit down) That can't happen. That makes no sense. Why every bad thing happened to me? Why my cousin died? I can't believe it.

(Stand up) My cousin and I were best friends. He never yelled at me or hit me once. He was like my brother. The best brother forever. We did everything together: eating food, playing sports, watching TV. (Pause) (Go to pick a baseball) I remember that he played baseball with me. We threw ball to each other. You can see our happy faces everyday... WHY?! WHY DID DEATH CHOOSE HIM?! WHY DID HE HAVE TO DIE?! WHY CAN'T I HELP HIM?! (mad) Why?! (sad) I don't understand...

(Pause) The old things are gone. For now, the only thing I can do is to stay here and wish him at rest. But I really want to play with him again! But that's only a dream. He was gone. I can't forgive myself. I shouldn't yell at him that day. He just lost my play disc. So what? That's my fault. I am so sorry. (hide my face behind my hands)

（作者：薛楸禹）

独白：表哥之死

（坐）不可能！这简直没有天理！为什么所有的厄运都降临在我一个人身上？我的表哥竟然死了，不，这不可能！

（站）他是我最好的朋友，他从没欺负过我，甚至连大声对我说话都没有过，他就像我的亲哥哥，永远是我最好的哥哥。我们形影不离，一起吃饭、一起做运动、一起看电视。（停顿）（去捡起一个棒球），我们经常在一起打棒球，每天都过得很快乐……为什么?! 为什么死神偏偏选择了他?! 为什么他必须死?! 为什么我帮不了他?!（发疯）为什么?!（悲伤）我不明白……

（停顿）曾经的一切都已随风而逝，现在，我唯一能做的就是祝福他的灵魂在天堂能得到安息。我多想能和他再在一起玩儿啊！但这只是个梦，他已经走了。但我却不能原谅我自己，那天我冲他大喊，仅仅因为他弄丢了我的光盘，现在想来，弄丢了光盘又如何呢？表哥，是我的错，对不起。（用手捂住脸）

（译者：王艳）

国内教师评语 ▶

　　本段戏剧创作主题明确，表现了失去亲人的痛苦哀伤，情节合情合理，剧情发展自然。虽然着墨不多，但人物形象刻画得很好，性格鲜明，主人公一显一隐，"我"情绪上的起伏自然流畅，由开始的拒绝接受，到深情回顾过去，再到拒绝接受，最后回到安静和忏悔。人物语言和动作的表达都很充分，隐在后面的另一主人公"表哥"，人物刻画得也是性格饱满鲜明，通过"我"的回顾，一言一行跃然纸上。符合戏剧矛盾冲突明显的特点，很有张力，表现力很强。

第四节　科学实验
——口香糖跟进实验

Chewing gum Follow-up lab

By: Aaron Ang, Ed Xue, Aenghus Manthous, and Connor Mislow

● **Outline of the slide show**

Hypothesis ⟹ Experimental Design ⟹ Picture ⟹ Materials

Data ⟸ Procedures，including Safety Warnings

Conclusions ⟹ Error Analysis ⟹ Citations ⟹ Questions

● **Hypothesis**

If you chew the gum for 2 minutes，then the strength of the flavor will decrease because the flavor will go away after a while.

● **Experimental Design**

Independent variable—the amount of time chewed

Dependent variable—the strength of flavor 1～10

Constants—the amount of time you chew the gum

Control—the gum before it was chewed

● **Picture**

Dependent variable

Independent variable

● **Materials**

Gum   Camera   Clock

● **Procedures**

For a set amount of time, the chewer will chew the gum. When the time is over, he/she will rate the gum on a 1~10 scale (ten being the strongest).

SAFETY WARNING: Do not accidentally swallow gum when tasting the gum.

● **Data**

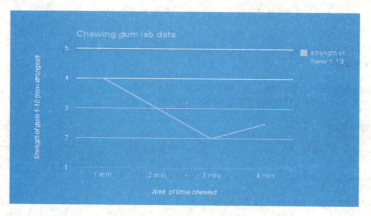

● **Conclusions**

The hypothesis was mostly supported, because in almost every trial the strength of the gum diminished at a predictable rate.

● **Error Analysis**

Aaron only did one trial per part.

He could have changed the rate of chewing during a trial，therefore causing the gum to lose flavor faster. Aaron could have labeled 6~10 on the graph.

● **Citations**

Pictures taken by Ed Xue and Mrs.　Richter.

● **Questions**

第五节　创意作业
——给我的书做广告

　　选择这篇作业是希望呈现英语作为一门主科的多样性。除了作文、问答题、词汇练习之外，设计、绘画、诗歌、音乐、视频等不同的形式都有可能成为作业的一部分，有的时候是老师要求的，有的时候是同学自己创意的。让我们看看徐行知同学是怎么为自己的故事设计出版广告的吧。

ADVERTIZING PROJECT

You are going to create a cover and inner flaps for your short story!

1. Title—It must have a strong connection to the short story. (4 points)

2. Back cover or Inner flap summary—at least half a page, Times New Roman 12 pt font, double-spaced. (10 points)

3. Testimonials—at least 2, other people saying what a good story it is. (6 points)

4. Title Page—Front: author, title, publishing company—Back: copyright date, city of publication. (8 points)

5. Author Mini-Autobiography—at least half a page, Times New Roman 12 pt font, double-spaced. (10 points)

6. Cover Art—You may use color or black and white. The picture must have a strong connection to the book. (8 points)

给我的书做广告

你要为所写的小故事制作封面和内插页！

1. 标题：要和小故事紧密相关。（4分）

2. 封底或内插页故事梗概：至少半页，新罗马12号字体，双倍行距。（10分）

3. 书评：至少有两条，列出其他人对该故事的褒扬之词。（6分）

4. 标题页：正面列出作者、标题、出版公司；

　　　　　背面列出著作权日期、出版地。（8分）

5. 作者小传：至少半页，新罗马12号字体，双倍行距。（10分）

6. 封面艺术：你可以用彩色或黑白，图片要和故事紧密相关。（8分）

作业原文为横版，排列（图片）如下：

Our New Homeland

MICHAEL XU

Illustrated By Sal Murdocca
COVER PUBLICATIONS, INC.
New York

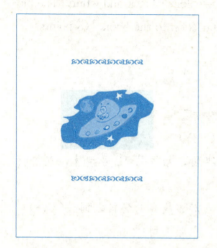

This is an interesting and fantastic story. In 2020, the earth will be destroyed and human beings will be in trouble. A brave biologist named Michael and other six scientists and astronauts start their dangerous travel to look for our new homeland in the Gamma-galaxy. In their long journey, they meet the secret UFO and deal with a lot of unexpected difficulties. Will they find the new homeland?

WOW! You have an imagination like no other. —Ben M.

I love your story. There is always magic in it. I read over and over...1 time, 2 times, 3 times, 4 times...—Yuan C.

If you stop writing stories, it'll be like losing a best friend. —Adam H.

Michael Xu, an 8th-Grade Chinese boy, is studying at Cheshire Academy in Connecticut, USA. His favorite subject is biology, and his dream is to be an excellent doctor or a scientist who researches new medicines for people.

He wrote this short story so that people will pay more attention to our planet. We need to change our bad habits, to save valuable energy sources, to reduce terrible pollution. Otherwise, we have to look for our new homeland some day.

Text copyright 2012 by Michael Xu

Illustrations copyright 2012 by Sal Murdocca

Published in the United States by Cover Publications, INC., New York

Xu, Michael

Our New Homeland / Michael Xu

Illustrated by Sal Murdocca

ISBN978-0-679-89070-6 (trade), ISBN978-0-679-9907003 (lib. bdg)

[1. Homeland—Gamma-galaxy-Fiction 2. Wormhole-Fiction

3. Artificial sunlight lamp-Fiction]

Printed in the United States of America April，2012

我是**徐行知** (Michael)，1997 年出生于北京，出国留学前就读于北师大附中。和许多 90 后一样，小时候精力旺盛、淘气可爱，喜欢了解未知的东西，但有点儿喜新厌旧，不能持之以恒。随着年龄的增长，我变得文静，不再好动了，学习之余坚持练习长号演奏，这可能是我持续最长的一项爱好吧。以前跟随父母出国旅游，对美丽的自然景观印象深刻，但没有想到自己会在初二那年就踏出国门留学。回想起申请学校前的准备工作，可以用"紧张忙碌"、"惴惴不安"来形容。收到录取通知的那天，我觉得为了这一刻的幸福，任何漫长的付出和等待都是值得的。来美国后我和其他同学一样，一切重新开始，我相信"Whatever doesn't destroy you will only make you stronger"。

第六节 父母不在身边的青春期

孩子要去海外读高中，这对于孩子和整个家庭来说都是一次巨变，而且是突然的。在孩子们看来，起初一切都很美好，没有父母的唠叨，也没了父母的管束，他们像出笼的雏鸟，飞向蓝天，奔向自由。然而，后来发生了一些意想不到的事情：开学面临语言关、听说读写都不容易；出乎意料的作业题目；陌生的人际关系，困惑、无助、想家，这让一切美好回归现实。

在父母看来，终于可以给孩子不一样的教育了，似乎留学一途规避了所有中国教育的弊端。可是孩子离家，父母的心都挂在他们身上。刚开始差不多每天都有视频联系，过了一两个月，就开始经常联系不到孩子们了。小留学生们有时间或者心情好就聊几句，不高兴就玩失踪。几乎所有的留学生家长都在抱怨同一个问题：孩子不跟他们联系。

其实，除了忙于功课和社会活动，与在家里一样，孩子们多少嫌父母啰唆，管得太多或者管不到重点。在有限的交流时间里，家长们经常会听到"哎哟，你烦不烦"这样的抱怨。无法回避的现实是"青春期遇上了更年期"，两代人生理和心理的特殊时期，本来就酝酿着重重矛盾与不适，中间还隔着浩瀚的太平洋，孩子们高中这段特殊成长的时期演绎了父母不在身边的青春期。

一、青春期的表现

青春期是指由儿童逐渐发育成为成年人的过渡时期。在此期间身体内外都发生许多巨大而奇妙的变化，其中心理的变化更为明显，是生命里一段绚烂、迷茫、痛苦的时光。虽然激素水平有明显变化，但青春期孩子的大脑结构尚未发育完全，呈现出复杂的生长迹象。此时前额叶皮质尚不能很好地控制自己的情绪，容易表现出激越、冲动、缺乏现实的思考等，对外界刺激容易做出情绪化的反应。在家长看来，他们的思想、情感、思维、行为与天真烂漫的儿童相比有很大变化。不过，随着体内激素水平趋于稳定，他们会成长为一个懂事的青年。青春期的主要表现是：

(1) 性意识骤然增长。性发育加速，对性知识开始特别感兴趣，对异性有了交往欲望，性的好奇感和神秘感与日俱增。往往情窦初开，开始演绎《少年维特的烦恼》。一般情况下，他们并不是真正意义的恋爱，只是彼此有共同的语言，喜欢一起交流和彼此欣赏。

(2) 智力水平上，逐步从形象思维向抽象逻辑思维过渡。

(3) 自我意识强而不稳。独立欲望增强，对事物能做出自己的判断，"变得有主意了"。虽然有独立欲望却缺乏独立能力，自己心中的"成人感"与成人眼中的"孩子气"形成鲜明对比。

(4) 情感世界的变化。表现出幼稚的感情冲动和短暂的不安定状态，孤独、忧伤、激动、喜悦、愤怒微妙地交织在一起。

(5) 兴趣爱好日益广泛，求知欲与好奇心强烈，对于竞争性、冒险性和趣味性的活动更是乐此不疲。现在最明显的例子是男孩子们通宵达旦地打游戏。

（6）渐渐地从家庭中游离，更多地与同伴一起交流、活动，结交志趣相投的同学为知心朋友，他们无话不谈，形影不离，视友谊至高无上。

（7）在这段时期，青少年的情感由原来对亲人的依附，拓展到对同学、老师、明星、科学家和领袖人物的崇敬和追随。

（8）他们要独立、自由、权利，不要责任、担当、义务。自以为他们长大了，想拥有 20 岁的自由，又要有 14 岁之前的家庭照顾。

值得注意的是，青春期时孩子有可能出现几种不健康心理：忧郁、狭隘、嫉妒、恐惧、对别人不尊重、过度敏感、自卑、犯上、不合作、诿过。此时，父母在精神方面的鼓励、在心理上的理解与支持以及为孩子们创造一个充满爱的环境特别重要。

二、海外少年的青春期

小留学生们如同突然断奶的孩子，他们既需要面对一个陌生的文化环境，同时又要完成青春期的成长发育过程。他们青春期成长的痛苦并不会因为远离父母而减少，反而会更加敏感，更加容易出现自卑等负面情绪。对于不能朝夕陪伴孩子度过青春期的家长们，我们有如下建议：

1. 理解

首先请家长们回忆一下自己的青春历程，回忆一下当时是如何与家里吵闹或者冷战的。转过来会发现，现在的孩子比当时的我们还要懂事很多呢！这些 90 后的孩子，大多是独生子女，从小接受了比较好的教育，肩上承担着父母甚至家族兴衰的压力和负担。在家的时候，多数家长总是把孩子的一切都安排好，他们只需读好书就可以了；到了青春期，孩子们渐渐有了自己的想法，对人生有了自己的思考。面对一个全新的环境，离开了父母严密的控制，孩子们开始学着自己处理问题，自己提出解决方案。大多数小留学生都知道父母赚钱不容易，他们在国外生活也比较节俭，很少发现胡乱挥霍的孩子。能够做到这样，家长们应该欣慰有这样的好苗子。充分的理解和换位思考，才能让家长放下身段，与孩子相处好。

2. 沟通

青春期的孩子们有一句心里话："你们说的都是对的，但是我讨厌你们说话的方式。"

对于家长而言，表达方式特别重要：少用"你应该"，"你必须"，"你看看人家的孩子"，"我们都是为你好"等。多用"我觉得……，你觉得呢"，"嘿！又进步了"，"没关系，再来"，甚至可以学西方人说"我为你感到骄傲"。

在内容上，家长们不用回避谈性知识，回避会激发孩子们的好奇心。中国家长们其实也比较含蓄，往往自己也羞于启齿，可以借助一些书籍来帮助指导孩子；对于谈恋爱，更不用如洪水猛兽般防范。"青青子衿，悠悠我心"，想想当年自己有没有暗恋过隔壁班的男生或者女生，就会想起这是美好而正常的人类情感，没有必要压抑。不过要讲明：男生、女生都要保护好自己的安全与健康，不做出格的事情就好。

除此之外，家长们要有一颗年轻的心。了解最新的潮流资讯，跟得上孩子们兴趣爱好的脚步，对游戏、动漫、电影、音乐、小说、社交媒体等最好能够保持广泛的兴趣，如果跟不上又不感兴趣，以后与孩子的共同语言会越来越少，慢慢地，孩子就会放弃同你分享他们的喜悦和迷惑，转而寻求外界其他同龄朋友的支持。家长们无法避免这个过程的发生，能够做的就是尽可能在孩子还需要自己的时候多陪他们走一段路而已。

3. 指导孩子正确处理人际关系

现在的孩子大多数是独生子女，在家庭中的特殊地位容易滋长孩子孤傲自私的性格。人格不健全，势必会影响到成长和发展。家长们都在努力克服孩子身上的骄娇之气，不过，刚上高中的孩子往往还未定型就要离开家了。所以，就算是在远程的通信中，也要不断提醒孩子在利益冲突面前能先替他人着想；鼓励孩子与同学交往，团结互助，舍得让孩子"吃亏"；当然，孩子要有分辨是非的能力，学会巧妙拒绝，培养孩子学会说"不"。

4. 帮助孩子建立自信心

一所海外学校在做适应性辅导的时候曾经表示，"如果你已经克服了作为国际学生的重重困难，也就没什么困难可以惧怕了。"孩子在海外学习生活，在学习和生活中的自信心都需要一步一步建立起来。即便远隔重洋，家长们也要不断关注孩子的每一个进步：学习上克服语言关了，会写Essay了，成绩提高了，及时地鼓励喝彩；生活上自己会做饭了，会修理电器网络了，对外能处理问题了，结交新朋友了，家长也要分享他们的成就感。有的家长比较放手，往返的机票、签证都是孩子自己办理的，越是放手，孩子们越能干，越来越自信。小留学生们比国内的同学更早地独立，更早地自己处理学习生活中的问题，得到更多的锻炼，他们的自信是建立在自我培养和锻炼的基础上的，他们从一个个活生生的案例中积累了人生经验。难怪很多家长都觉得孩子在外一年半载之后，长大了，成熟了，自信了。

每个年代的青年都有自己的青春之歌，当我们选择把孩子送到海外接受教育的那一刻起，他们的青春之歌序曲就开始了。当父母不在身边的时候，他们会自己谱写并演奏独奏、协奏，直至最为恢弘的乐章。家长们放下手中的指挥棒，静静地聆听，这个舞台曾经属于我们，现在是他们的了。

薛松，安徽合肥人，现居广州。医科专业，成功创办特药销售企业。美国私立学校学生家长。

第七节　家长的
　　　　情绪管理

在留学的问题上，焦点往往在孩子们身上。其实在这条道路上，还有一个需要关心支持的群体，那就是家长们。出去还是留下，是两条道路的选择。在这艰难而痛苦的选择之后，家长们除了要付出相比国内教育更多的资金之外，更主要的是面对提前到来的空巢期。

让我们来回顾一下家长的情绪体验吧。一开始是兴奋激动，每天守在电脑前面，一旦孩子出现在网上就迫不及待地聊几句。后来就是失落了，发现孩子很少主动打电话回来，偶尔主动联系一次基本是要钱或者有什么东西要带了。然后就开始担心，关于孩子情况的信息越来越少，都学些什么，掌握得怎么样，能不能积极参加活动，有没有交到好朋友，吃住是否习惯，与寄宿家庭相处得好不好。随之而来的是后悔，还不如让孩子留在身边。差不多每个家庭的父母都会遇到这些问题、经历这个过程，只是程度不同而已。在这个过程中，母亲往往会找到人倾诉，使得情绪有所发泄；而父亲则更多地把这些问题埋在心里，在外人看来，他还好，不是特别在意，其实他也同样担心纠结。

对于家长的情绪管理，我们提出以下建议：

一、提前做好心理准备

编者听到很多家长说"我们这个决定做得很匆忙"，这句话暴露出令人担心的问题：孩子是否做好准备了，家庭是否做好准备了。编辑本书主要是为了对第一个问题有所帮助，我们也希望用本节提示家长们面对第二个问题。

在申请和准备阶段，家长们都在憧憬孩子的未来，为了学校录取信和签证奋斗着，可能来不及照顾自己的情绪，来不及认真想想孩子走了以后自己的生活应该如何安排。同样，在这个阶段很多工作的事情也都往后拖延了。

我们建议的是，在紧张的准备阶段，就要开始为自己考虑一下：小鸟飞出了笼子，笼子该怎么办？家长们可以花些时间清理一下笼子，笼子里没有鸟了，还可以试试笼子是否有其他功能。中国家长都是付出型的，所以还要在空虚之余，想起来有工作需要你，有老人需要你，有朋友需要你……除此之外，还可以对自己好一点儿。过去10年的周末都忙着带孩子上各种课外班了，是时候拾起自己的兴趣爱好或者培养新的兴趣爱好并为人生的后几十年做个规划了。

二、理解孩子的难处

家长们之间的话题经常是联系不到孩子。有的是不主动联系，有的甚至是躲着家长。

家长需要理解孩子的一点是，他们确实很忙，学习压力很大。从本书中小作者们的描述就可以知道，需要经常性地熬夜才能完成作业，这些作业对于成绩的综合评定很重要，除此之外的考试、测验也不少，所以他们在时间上确实有难处。

另外一点是，由于家长的过于关切，导致孩子躲着家长的情况也存在。孩子不在身边，家长迫不及待地嘘寒问暖、关心其学习和课外活动也是可以理解的，但是孩子是否愿意重复回答问题就是另外一回事了。同样，如果家长关心孩子的进步，比如与当地社会的交流和沟通怎么样，像这样的问题，孩子担心自己的进步不够大，或者没有显著的改善，可能会选择逃避问题，继而就是逃避家长的呼叫了。

我们有一个建议，家长们回忆一下自己的中学时代，是不是每天都有特别显著的进步，是不是所有的事情都愿意跟家长分享，是不是也有过"你好烦呀!"这种情绪，如果是，就学着做一个成熟的、朋友式的家长吧。

三、处理好与自己的关系

送孩子外出留学的家长都很重视子女教育，往往这样的家长对自己也比较严格。在子女留学的问题上，面对孩子们遇到的困难，家长经常陷入自责：如果留在国内就好了，如果去某某学校就好了，如果我能够陪读就好了。再加上经常联系不到孩子，就更加苦恼。

人到了中年，经历了处理人与物的关系、人与人的关系，也到了认真处理与自己的关系的时候了。家长不是万能的，可能解决一部分问题，也可能留下一部分问题，留下的问题让时间去解决，让孩子自己去解决。我们承认，孩子身上的一些问题，在家长身上肯定能找到原因，毕竟有其父必有其子；同时，我们也建议，家长不用把所有的责任都揽过来，更不能越俎代庖，要给孩子留出空间，也给自己留出空间。

除了在子女教育问题上不要对自己过于苛责，家长们确实要更加爱惜自己。家长是孩子们的大后方，要有好的身体，好的事业，才能支撑不菲的教育经费，才能让孩子活跃地参加社会实践，安心地学习，坚持对未来的梦想。正好可以利用以前带孩子的时间锻炼身体，陪陪其他家人和朋友。以一个爱自己、负责任的生活态度为孩子树立一个积极正面的榜样。

四、留守家庭成员相互支持

留守家庭越来越多了，望眼欲穿的爷爷、奶奶、姥姥、姥爷，忧心忡忡的父母都是留守家庭的组成部分。千里之外的孩子寄托着全家人的希望，牵扯着全家人的神经。一旦有风吹草动，那就是全家总动员了。前方有喜报，又得了个 A，不出一天全家就知道了。前方有困难，那就是有力的出力，有钱的出钱。前方出问题了，除了自责，相互埋怨的也不少。这样的对话一定不陌生："我早就说过，你们不听我的。""都是你，一门心思如何如何。"如果出现这种情况，全家人一定要静下心来，不要做火上浇油的事情。

当孩子离家之后，留守成员之间的相互扶持和安慰尤为重要。

一是对当初的选择不要反复地后悔。赴美留学的决定是全家慎重考虑后作出的，父亲、母亲、孩子甚至爷爷奶奶、姥姥姥爷都参与了决策。既然决定了，就有一定的理由。如果孩子确实不适合也没有关系，再重新分析情况，解决问题就可以了。随着全球化的进程，在教育问题上人们有着越来越多的选择权，也不用一条路走到黑，更不用相互埋怨。

二是重新调试家庭成员之间的关系。核心家庭就是这样，由浪漫的二人世界，到柴米油盐、子女教育的三口之家，再回到二人世界。随着岁月的积淀，新的二人世界可以真实、平淡，也可以温情、浪漫。这是一次重要的调试和磨合，它将决定未来家庭关系后半程的走向。

三是让孩子体会到父母之间相互的支持。青春期的孩子，开始懂事，又很敏感。这时候，好的家庭气氛，父母之间相互的支持，哪怕是在太平洋的另一岸，也会感染到孩子，给他自信和勇气，让他有信心面对未来自己的人生。

子女异域求学，家庭成员都要承受分别的痛苦，支撑他们度过这个阶段的是对未来的希望，是相互的理解和支持。作为成人，面对家庭如此巨大的变化，家长必须做好准备，调试好自己的情绪，才能驾驶家庭这个小航船，驶向幸福的彼岸。

第三章 新鲜刺激 9 年级

美国的高中从 9 年级开始。无论是本地的新生还是海外留学生，大家在一个起点上开始未来 4 年的共同学习。相比初中阶段，9 年级的课程设置加大了难度和强度，体育竞赛对抗性增强，社会活动的自主性和主导性更高。本章从写作方法入手，介绍英语、历史、生物和艺术课程的学习内容。

第一节　写作漫谈

学过英语的人都记得 Essay 写作这一关，这一关也是所有赴美求学的小留学生的一道难关。

一、起点

先检视一下小留学生们英语写作的起点。赴美读 9 年级的学生大多是国内初三毕业、参加过中考的。这些学生已经闯过了英语写作的第一道门槛——英语中考的小作文。小作文要求写不少于 60 词。让我们看看某地某年英语中考的题目：

　　根据中文和英文提示词语，写出意思连贯、符合逻辑、不少于 60 词的短文，所给英文提示词语仅供选用，请不要写出你的真实校名和姓名。

　　生活中每个人都有过与他人分享的体验，如分享一本有趣的书、一段难忘的经历、一个闪光的想法……

　　现在，某英文报纸就分享（Sharing）话题征文，请你投稿。描述一次你与他人分享的经历，并谈谈你的感受。

　　提示词语：share... with...；experience；interest；learn；change；encourage；enjoy；happiness；confident

　　例文如下：

　　I had an experience of sharing. When my family moved，I had to go to a new school and study in a new class. The first test made me so nervous that I failed. I got worried and felt helpless until one of my new classmates came up to me and asked softly if I was OK. After I told him about my problem，he gave me some advice. From then on，we got to know each other and shared our ideas，problems，and happiness. We became good friends. Sharing with friends helped me bring back my confidence and fit in with others. [①]

　　一般来说，这样的写作用三段论的形式：点题、论证、总结，大约 6～10 个句子可以基本说明问题，学生如具有 1000 左右词汇量水平便可以完成。对于初中开始英语学习、只学习了三年英语的学生，这样的题目难度适中；对于小学开始英语学习、学习了 9 年英语的学生，这样的题目就比较简单了。

二、过桥

　　有留学计划的同学，在初中阶段一般都会参加托福或者雅思的培训班。有的出国前参加了考试，有的没来得及参加。托福考试的英语作文就要复杂多了。第一题为综合写作，考生要在 3 分钟内阅读完一篇学术文章，还要听一段与此相关的讲座录音，考生的任务是就讲座的要点写一篇概

---

① 资料来源：http://yingyu. xdf. cn/201207/7004597. html

述，从讲座中挑出与阅读文章相关的信息，并连贯、准确地在作文中表达出来，文章长度要求是150～225词。综合写作题实际上是对于听、读、写三项能力的综合考查，如果可以出色地完成这项任务，学生实际上具备了以英语为媒介进行学习的能力。第二题为独立写作，一般要求写300词，要求考生就某个问题提出自己的观点，主要考查的是文章架构的组织，论点的表述、解释、论证和细节。例如，

Do you agree or disagree with following statement?

Always telling the truth is the most important consideration in any relationship. Use specific reasons and examples to support you answer. (《新托福考试官方指南（第三版）》，ETS，2012)

例文如下：

Dishonesty Kills Reliability

There are certain considerations or factors that everyone takes into account in a relationship. People may look for honesty, altruism, understanding, loyalty, being thoughtful etc. ! Everyone would more or less wish that the person s/he is dealing with has some of these virtues. Putting them in an order according to their importance, however, can be very subjective and relative.

When someone asks him/herself the question "What do I consider to be the most important thing in my relationship?" the answer depends on a lot of factors, such as how his/her earlier relationships were.

Everyone's opinion can be different about this. For me honesty, in other words, always telling the truth is the most important consideration in a relationship. Opposite of this is inarguably lying and if someone needs to lie, either s/he is hiding something or is afraid of telling me something.

In any relationship of mine, I would wish that first of all, the person I'm dealing with is honest. Even though s/he thinks that s/he did something wrong that I wouldn't like, s/he'd better tell me the truth and not lie about it. Later on if I find out about a lie or hear the truth from someone else, that'd be much more unpleasant. In that case, how can I ever believe or trust that person again? How can I ever believe that this person has enough confidence in me to forgive him/her and carry on with the relationship from there? So if I cannot trust a person anymore, if the person doesn't think I can handle the truth, there's no point in continuing that relationship.

Although I would like to see people's altruistic, understanding, thoughtful and loyal behavior, an instance of the opposite of such behavior would not upset me as much as dishonesty would. Among all the possible behavior, dishonesty is the only thing that terminates how I feel about a person's reliability. Therefore, honesty would be my first concern and the most important consideration in a relationship.

正如大学与中学的区别，相对于中考的写作，托福的写作无论在文章长度、深度、架构复杂度还是遣词造句上都向前跨越了一大步。在作文长度上，60 词与 300 词是几倍的差距；在句式上，托福考生往往追求句式的复杂性，用以表明自己可以很好地掌握英语写作。同时，文章也需要有更深度的思考，并用具有关联性的语言将思考的深度按照层次表达出来。如果留学生们能够很好地把握托福的写作，适应美国本土教育的写作任务就会容易得多。相反，若托福写作拿不到及格的分数，学生需要的适应期会更长一些。

三、彼岸

到了美国，写作将成为评价学生学习能力的重要指标。它综合反映学生对于某学科某课题的理解程度和用功程度。如果你和小留学生聊学习，他们都会或者担心，或者踌躇满志地提到论文。到美国上高中的学生们要做好这样的心理准备：英语、历史肯定会写大量论文，平时的作业叫做 Essay，作为学期评定的叫 Term Paper 或者 Thesis Paper，即学期论文，需要完成假设求证的研究过程；其他学科视情况而定，理工科也难以幸免。写作的成绩在整体的学期评价中占有重要的地位，特别是文科的学科。大多数中国小留学生还是很会考试的，所以，他们的考试分数一般优于写作的成绩，因此，提高写作成绩就成为留学生成绩进步的关键。

在后面的几章中，我们会看到不同年级和学科的论文，不能说他们的要求一定比托福写作高，两者之间还是有很大区别的。首先，花费的时间和精力很多。论文写作一般会提前留好作业，给一定的时间去图书馆等资料来源搜集资料，还会给一定的时间写作、润色，有时候老师会提出修改意见，学生们还有一次甚至几次修改的机会。其次，文体相对多样，写法不像托福写作那样刻板与八股；文法要求更高，比如，能用主动语态的要用主动语态，少用"it is..."这样的句型。最后，写作是可以寻求帮助的，有的学校专门设有部门或教师，指导非英语母语的学生完成写作的全过程。

四、写好 Essay 的几个建议

一是主动寻求帮助。 找老师讨论选题、立意、架构。只要学生认真准备，就一定能问出有水平的问题，面对这样的问题，多数老师乐意提供帮助。有的学校提供了海外学生辅导员，要善于有效地利用学校提供的辅导资源，可以多与辅导老师交流，搞好关系。他不仅可以像任课老师那样在选题、架构、立意等方面提供帮助，还可以帮助学生修改语法和表达问题。很多中国小留学生一开始羞于主动要求帮助，自己暗中摸索使劲。我们发现，得到帮助和没有得到帮助在成绩上至少有 3～5 分之差，还能达到事半功倍的效果，何乐而不为呢？但是，也不要滥用学校的资源。如果学生的写作成绩已经超过 90 分，就算成天泡在辅导老师那里，他也不会管了。

二是注意引用与格式。 引用和资料来源这一关是中国学生肯定要过的，美国老师基本都知道在中国国内，写作没有这样的要求，所以他们会格外下功夫留意中国留学生在引用和资料来源方面是否严谨。应对这个要求的方法非常简单，那就是：只要引用了就注明，一定要表示出足够重视这方面的要求。

格式也是需要留心的。各科老师对格式的要求可能不一样，因不符合排版格式要求而被扣分的情况是存在的，没有必要为了这种小事而丢分，那就请同学们认真留意吧。

三是选题。 可以选择熟悉的题材，9 年级和 10 年级的历史课都会涉及中国的部分，在选题的时候可以选择中国的题材，这样可以发挥熟悉背景材料的优势；可以偶尔结合中国实际，随着中国国际地位的提高，在美国

的高中，大家对中国的兴趣非常浓厚。建议在写作中，客观地结合中国的实际，不卑不亢地用自己熟悉的素材来论证问题。

四是写作方法。英语老师会教授论文写作的方法。如同我们语文课教授写作文一样，英语写作也有一套成熟教法。这种教法在国内英语教学当中也有一些，但是总体感觉有效性不够。我们在学习写作的时候把更多的时间花在应付托福和雅思考试应试题目的写作上了，忽略了比较基础的写作训练。在本节最后，附上了一封"Cover Letter"（卷首语），这封信是《各色生活》（*Similar Life*）一文的前言。小作者在 10 年级英语课的第一篇文章就是一篇记叙文，描写她从中国到美国的旅程。到了学年末，要求修改一篇旧文。作者在对文章进行了大幅修改之后，除了开头之外，整个文章已经面目全非了。在卷首语中提到的一些写作方法值得注意，这些方法包括：处理好文章的"骨"、"肉"、"皮"；用事实来说话，而不是直接讲道理；注意细节，比如动词和对话的使用；如何修改文章等。希望对写作感兴趣的同学，通过认真阅读和体会其他同学走过的道路，能够少走弯路。

总的来说，论文写作在评价体系里就是"一分耕耘，一分收获"。只要你下功夫收集素材，按照逻辑组织文章，语法和拼写注意少犯或者不犯错误，写文章的时候注意少打官腔、多说人话，再应用适当的写作技巧与方法，论文写作的水平就会不断提高。

第二节　学生感悟
——写在期末

Cover Letter

Dear readers,

Before I introduce my revised essay, I want to mention my inspiration of writing this essay. One day, I was on my way to Hamden Hall, but I suddenly trembled on the car. I looked around and wondered where I was. Was I in China or on my way to school? When I sadly realized I was in America, I made the decision to write down my experience of studying in the U. S. as a Chinese student. One year ago, I was still studying in that white classroom, trying to get into a good high school. I could not imagine a few months later I came to America and started a brand new life, which sounds like a dream to me. This feeling, however, caused me to write this essay.

I chose to revise my incident essay, which is about my first flight to America. I kept the first paragraph and the last line of the original essay. Starting from UA088, the plane took me to America, I wrote down my experiences. I changed the "bone", referring to Elbow's metaphor① that is the center of essay, to show the differences brought by that flight. Then, there should be a point implied. I do not want to judge which education is good and which is bad. They both bring me fun and happiness. I picked some similar scenes in my American life and Chinese life and put them into two columns. This is my change in the "muscles". I never wrote in two columns before because it was not allowed. As for the "skin", which means the grammar or language part, I hope I did a better job. As the final essay of my writing semester, I hope this revised essay can be a good end.

This writing semester is more familiar, but also a stranger to me. I did have similar topics in China. However, my responses were not that

---

① 作者的老师在写作课上有所提及，他将文章比喻为一个人，分为骨架、肌肉和皮肤几个部分。

"real". The first essay I wrote is an incident essay. It was a struggle because I did not really know how to say my real feelings and put them into a center. So my first essay is basically a description of that uncomfortable flight. My second essay is about my grandfather who has influenced me in a lot of ways. I have always wanted to have his optimistic and unconstrained character, as well as his great talent in writing and drawing. My third essay is an example essay that shows a trend in our life. I chose the declining moral of Chinese students, as I have seen and heard about it for years. The fourth one is my term paper, an essay about "The Woman Warrior" written by Maxine Hong Kingston. I have to say that the 5-page length is difficult for me. I stayed up all night staring blankly at the screen and tried to fill it. This is a brief introduction of what I have done in this semester.

As a writer, I improved my grammar. I finally changed my essay from "a lot of mistakes" to "a range of mistakes". I will keep working on my grammar; it has always been my defect. Also, I learned how to write things affectively. Show more but tell less. Add more details into the passage, like verbs and dialogues. The last thing I learned is how to revise an essay, not just fixing the grammar. Shifting voices, changing perspective, there is a lot I can do in a revision.

When I was revising my essay, I was glad that my original was not that good. Other times, deleting only a few sentences can make my heart bleeding. But when I only copied one paragraph from the original essay, I was not thrilled.

(作者：谷欣然)

卷首语

亲爱的读者，

在介绍我所修改的这篇作文之前，我想先说说写这篇文章的灵感。有一天，在去往哈姆登上学的路上，我突然在车上颠了一下。我环顾四周，不知道我在哪里。我是在中国还是在去学校的路上？当我悲哀地意识到我是在美国。我决定要把我在美国留学的经验写下来。一年前，我还在一间粉刷成白色的教室里拼命学习，为升入一所好的高中而努力。真不敢想象，几个月后我就在美国开始了全新的生活，这一切对于我来说就像是个梦。就是这种感觉促使我写下了这篇论文。

我选择修改的下面这篇论文，原本是我第一次飞往美国的经历。我只保留了原文的第一段和最后一行。一切从美联航的 UA088 开始，此航班将我带往美国，我写下了我的经历。我修改了文章的"骨架"，文章的中心是来表现这趟航班给我带来的差异。说到这里，也该谈谈文章的论点了。我不想去评判哪种教育好，哪种教育不好。它们都给我带来了乐趣和幸福。我挑选了美国和中国生活中相似的场景，并将它们分别放到文档的两栏里。这些都是我对文章"肌肉"的修改。在此之前我从来没有分两栏写过论文，因为根本不允许这样写。至于"皮肤"，也就是说语法和语言部分，我希望我能处理得更好。这篇文章是写作学期的最后一篇论文，我希望这篇经过修改的论文为本学期画上完美的句号。

这个写作学期对于我来说，看似熟悉其实又很陌生。我在中国也写过类似的主题，但是，我的反应不是那么的"真实"。第一篇论文是记叙文。这对我来说不太容易，因为我不知道要如何去表达我真实的想法，也不知道如何把这些想法作为论文的中心去阐述。所以，我的第一篇论文基本上是对那次令人不爽的飞行经历的平铺直叙。我的第二篇论文写的是我的姥爷，他对我有多方面影响。我一直期望能够拥有他那乐观而不受拘束的性格，还有他在写作和绘画上的天赋。我的第三篇论文采用例证的方法展示了我们生活中的一些趋势。我选择的是关于中国学生的道德水平的下滑，这些年来我看到和听到了不少这方面的情况。第四篇就是我的学期论文，是关于汤亭亭写的"女战士"的论文。我不得不说，5 页纸的长度对我来有些困难。我熬了一整夜，呆望着屏幕，并试图写满 5 页纸。这就是我这学期写作课程的简要回顾。

作为作者，我提高了我的语法水平。我最终将"大量的语法错误"变成"一些语法错误"。语法一直都是我的一大弱项，我还会不断提高我的语法。此外，我学会了如何将事情写得富有情感。事实胜于雄辩。通过加入动词或对话，在文章中丰富细节。最后，我还学会了如何修改论文，不只是检查语法错误，还可以改变语态、调整角度等，在文章修改过程中有很多事情要做。

当我修改论文的时候，我很庆幸原文写得不怎么样。以往单是删除几个句子就会让我心疼。但是这一次，虽然只保留了原文的一个段落，我还是很淡定的。

（译者：王训建）

第三节　英语
——麦克白的主题论文

English 9　　　　　　　　　　　　　Feb. 13, 2013
Mr. Hunter

Essay Topics on Macbeth

Please choose ONE of the following topics, and write a paper of 3~4 pages, typed, double-spaced. Be forthright (direct, focused) in your statements of opinion—in your thesis statement, especially. Be sure to use 3~4 quotes and to discuss the meaning of individual lines in order to support your thinking.

Choose ONE of the following topics：

1. At the end of Act 1，Macbeth allows himself to be convinced by his wife to kill Duncan，his king. How does she achieve this feat of persuasion?（You need only study scenes 5 and 7 in Act 1 to write this essay!）In conclusion，can you generalize as to how bad decisions are arrived at，often，as a result of such persuasive tactics as Lady Macbeth brings to bear?

2. Why does Macbeth get more bloody-minded as the play progresses? Consider evidence in Act 3 and in Act 4，scenes 1 and 2（only）. What factors transform Macbeth from the nervous murderer of Duncan to the cold-blooded killer of Macduff's family?（Form your three body paragraphs around three observations about the causes of Macbeth's change of heart.）

麦克白的主题论文

请从以下题目中选择其一，并撰写一篇3～4页的论文，双倍行距排版打印。在立论的时候，要比较直率地阐述自己的观点，为了支持你的论点，要使用3～4条引言，并逐句讨论。

在以下题目中选择一个：

1. 在第一幕的结尾，麦克白被他的妻子说服去杀死自己的国王邓肯，那么她是如何施展自己如此巧妙的说服力的呢？（只要研究一下第一幕的第五和第七场就可以完成这篇论文了!）作为结论，你能否推测一下这个决定有多坏？通常，麦克白夫人需要为她的说服策略承担后果。

2. 随着剧情的进展，为什么麦克白变得越来越嗜血？考虑一下第三、四两幕的前两个场景就可以了。是什么因素导致麦克白从杀死邓肯的紧张凶手变成杀害麦克达夫一家的冷血杀手？（围绕麦克白内心变化的 3 个诱因将你的论文分为 3 个主体段落。）

Jason Meng

Topic One

The result of persuasion can be very powerful. From advertising to lawyer argument, people are always being persuaded. In *Macbeth* Shakespeare explores the power of persuasion. It is a deadly consequence. There are two important characters in the book: Lady Macbeth and Macbeth. In *Macbeth* Shakespeare tells a story like this: Lady Macbeth persuades Macbeth by using her own individualities: ambitious, vicious and manipulative. Just as the story says, Lady Macbeth persuades Macbeth to kill Duncan (the king).

Lady Macbeth is ambitious and she takes charge of the situation; by taking charge, she gives Macbeth the confidence to act. Sometimes people will act evilly to get power. To make her husband a king, the quickest and the only way is to kill Duncan. Therefore, she takes command to persuade Macbeth. For example, when Macbeth says that Duncan plans to leave the castle tomorrow, Lady Macbeth says: "O, never shall sun that morrow see!" This means she wants to kill the king tonight. Her king gives her husband the status and makes them rich, but Lady Macbeth plans to kill Duncan, because she is overly ambitious, a quality she shares with Macbeth. She comes up with the plan and tells Macbeth: "and you shall put this night's great business into my dispatch." She uses all her strengths to achieve her ambitions and influence her husband. Lady Macbeth wants the power of the king, so badly, but she cannot be a king, so she tries to make her husband a king.

Lady Macbeth is vicious. She bullies and intimidates Macbeth to murder. She is a vicious ingrate. She did not want her compassion to stop her evil plan. She did a lot of preliminary work to make sure her husband could kill the king, so that she will get the power. "Unsex me here, and fill me from the crown to the toe top full of direst cruelty." As you can see, she is losing her humanity, and a person with no humanity is vicious. She further shows her vicious nature when she threatens to kill her baby and she bullies Macbeth to murder by insulting him. "I have given suck, and know how tender't is to love the babe that milks me; I would, while it was smiling in my face, have pluck'd my nipple from his boneless gums, and dashed the brains out, had I so sworn as you have done to this." Her viciousness urges Macbeth to murder. Sometimes people can do something without thinking with their own mind and that is what Macbeth has done. She compares him to a poor cat and calls him a coward. "like the poor cat i' adage?" Lady Macbeth is bullying Macbeth and making Macbeth feel angry in order to kill Duncan.

Finally, Lady Macbeth is manipulative and she uses flattery to impact Macbeth. Lady Macbeth appeals to Macbeth's manhood. Lady Macbeth tells Macbeth if he gets through the murder he is really manly. Lady Macbeth says: "When you durst do it, then you were a man; and to be more than what you were, you would be so much more the man. Nor time nor place did then adhere, and yet you would make both. " By first bullying Macbeth and then flattering, Lady Macbeth gets Macbeth to murder. When she compliments him, it makes Macbeth very compliant. He becomes complacent and Macbeth trusts what Lady Macbeth says and then agrees to do the murder. Lady Macbeth sweetly talks to Macbeth to make him feel good and agree with her. Lady Macbeth knows very clearly that to be a soldier, Macbeth takes it very seriously to be a man.

Lady Macbeth is ambitious, vicious and machiavellian. She persuades Macbeth to kill Duncan. She will use any way to get his power. In her action we can see her individuality, which is evil. Sometimes people do things when they are persuaded that they will never do on their own. this is true of Macbeth. He allows himself to be threatened, giving up his male power to Lady Macbeth in order to hold on to it. This is ironic. He could be more of a man, by refusing to be persuaded. The problem is that Lady Macbeth's threat to remove her love from him is real, which, being a man, he cannot accept. And so he is caught in Lady Macbeth's trap. And so this play becomes a tragedy of bad mistakes that can never be undone.

孟宇森，目前就读于美国康州私立高中 10 年级。学校 JV 篮球队主力队员，动漫社团主要组织者。留美前在北京第二中学初中部就读，组织发起成立了留学微信群（北京第二中学海外友好会），旨在帮助有留美需要的同学。

第一题

　　说服的结果可以是非常强大的。从广告到律师辩论，人们总是被说服。在《麦克白》中，莎士比亚就对说服的力量进行了探索，其结果是致命性的。书中有两个重要的人物：麦克白夫人和麦克白。在《麦克白》中，莎士比亚讲述了这样一个故事：麦克白夫人利用自己充满野心、邪恶和操纵欲的个性来说服自己的丈夫。正如故事中所说，麦克白夫人说服麦克白杀死了国王邓肯。

　　麦克白夫人充满野心并且掌控着局面。也正是她的掌控地位给了麦克白付诸行动的自信。有时候，人们为了获得权力而作恶。让自己的丈夫成为国王的最快方法，也是唯一的方法，那就是杀死邓肯。于是她就开始说服自己的丈夫麦克白。例如，当麦克白说邓肯计划明天离开城堡时，麦克白夫人说："啊，真希望明天的太阳永远不要升起。"这就意味着她想在今晚杀死国王。她丈夫的地位是国王给的，也是国王让他们变得富有，但麦克白夫人却打算要杀死邓肯，因为她的野心过重，这也正是她与麦克白共有的一个特性。她提出了自己的计划，并对麦克白说："今晚事关重大，你一定要听从我的派遣。"她利用自己的力量去实现她的野心并影响着自己的丈夫。麦克白夫人迫切地想要获得杀戮的权力，但是她不可能成为国王，于是她就想让自己的丈夫成为国王。

　　麦克白夫人狠毒邪恶。她通过欺辱恐吓等方式，将麦克白拉入这场谋杀当中。她是一个邪恶且忘恩负义的人。她不希望她的同情心来阻碍她邪恶的计划。为了确保丈夫能够杀死国王，从而使自己得到权力，麦克白夫人做了很多准备工作。"来解除我女性的柔弱，让最凶残的冷酷从上至下灌注我的全身，让我的血液凝结吧！"正如你所看到的，她已经失去了人性，而没有人性的人是邪恶的。当她威胁麦克白杀死自己的孩子，并通过欺辱等方式迫使他进行谋杀的时候，进一步表现了麦克白夫人的邪恶狠毒。"我曾经哺乳过婴孩，知道一个母亲是怎样怜爱那吮吸她乳汁的子女；可是我会在它看着我的脸微笑的时候，从它的柔软的嫩嘴里摘下我的乳头，把它的脑袋砸碎，要是我也像你一样，曾经发誓下此毒手的话。"她的邪恶促成了麦克白的谋杀，有时候人们会做出一些不经自己大脑的蠢事来，麦克白就是这样。她把麦克白比作一只可怜的猫，说他是个懦夫。让

"我不敢"永远跟随在"我想要"的后面吗？为了让麦克白杀死邓肯，麦克白夫人刻意将他激怒。

　　最后，麦克白夫人操作巧妙，她通过奉承来怂恿麦克白。麦克白夫人将话题转移到麦克白的男子气概上来。麦克白夫人告诉麦克白，如果他能去谋杀的话，这说明他真的很有男子气概。麦克白夫人说："要是你敢做一个比你更伟大的人物，那才更是一个男子汉。那时候，无论时间和地点都不曾给你下手的方便，可是你却决意要实现你的愿望；现在你有了大好的机会，你又失去勇气了。"先是欺辱又是奉承，麦克白夫人终于促成了谋杀。她的赞许使得麦克白变得顺从了。他变得自满，也相信麦克白夫人说的，然后就同意去谋杀。麦克白夫人对麦克白的甜言蜜语使他感觉良好，让他同意了自己的想法。麦克白夫人很清楚地知道，作为士兵的麦克白还是很想成为伟人的。

　　麦克白夫人是有野心的、邪恶的和狡猾的。她说服麦克白杀害邓肯。她将使用任何方式获得他的权力，从她的行动中，我们可以看到她邪恶的个性。有时候人们会在别人的说服下去做自己本不愿去做的事情，麦克白就是如此。为了能获得权力，他允许自己受到威胁，甚至放弃自己的男权。真是太讽刺了，如果他不被麦克白夫人说服的话，倒更像是一个男子汉。可问题是，麦克白夫人威胁他说要不再爱他，这才是真正的威胁。作为一个男人，这也正是他不愿接受的。就这样他落入了麦克白夫人的陷阱。于是，无法纠正的错误使这部剧变成了一部悲剧。

（译者：王训建）

 国内教师评语 ▶

　　本文对人物的分析很深入。每一个论点都有对应的原文中证据支撑，显得有理有据、思维清晰。从"说服"这个小的角度入手，新颖且使人印象深刻。如果能从文艺作品的角度有更多的剖析，会更加添彩。

第四节 历史
——农业革命文明的演变

Question：The Agriculture Revolution marked a profound turning point in the history of humanity. Compare culture and civilization before the revolution with that afterward. Be sure to identify the elements of culture and explain how they evolved into later, more complex ancient civilizations.

问题：农业革命是人类历史上一次深刻的转折点。请比较农业革命前后的文化和文明状况，分析各类文化因素并解释它们如何演变为复杂的古代文明。

The Agricultural Revolution marked a profound turning point in human history. It emerged during $10000 \sim 4000$ B.C. in the Middle East, Egypt, India and China, etc. They all had one common feature that these areas were located in river valleys and plains. The biggest change was the shift from hunting animals and gathering plants to producing food by agriculture, and then led to the creation of civilization.

First, the Agricultural Revolution made a new relationship between humans and nature. Prior to the Agricultural Revolution, people were nomadic. The nomads needed to follow the herds, so they always moved from place to place. After the Agricultural Revolution, people began to live in villages or towns. Farming meant to stay in one place instead of traveling, and people produced foods by systematic agriculture.

Second, the Agricultural Revolution led to advances in farming technology. Before revolution, people often used stones. Afterward, the taming animals and new farming equipment emerged. For example, people learned to tame pigs, sheep, goats, horses and cattle. There were more kinds of foods to feed human beings. They also used metal to make new tools to help their work, like the plow. These new metal tools made farming easier, and improved efficiency.

Third, people also began the division of labor. People were engaged in farming, crafts and trade because they had much more foods; Some people organized trade or exchanged foods; some people made pots and basket. The relationship between men and women was also changed. Men were in charge of the hard work in the fields; women did the housework and cared about their kids at home. The role of men became more important in the family and society.

With fewer physical demands, people had more time and energy to create art works, or to use writing to keep records and to pass on the culture. However, there was little culture before the Agricultural Revolution.

In a word, the Agricultural Revolution led to the creation of ancient civilizations because it provided the basis for social, political and economic development.

（作者：徐行知）

农业革命文明的演变

农业革命标志着人类历史上一次深刻的转折。它出现在公元前 10000 年至公元前 4000 年的中东、埃及、印度和中国等地。它们都有一个共同的特点，就是这些地区都位于河谷或平原地带。最大的变化就是从狩猎和采集植物向农业生产食物的转变，于是后来就出现了农业文明。

首先，农业革命使人类与自然界之间建立了一种新的关系。在农业革命之前，人们是以游牧为生。牧民需要跟随牲畜，所以他们总是从一个地方到另一个地方不停地迁徙。农业革命之后，人们开始生活在村庄或城镇。农业意味着居住在一个地方，而非游牧。人们通过系统化的农业生产出食物。

第二，农业革命导致农业技术的进步。革命之前，人们通常使用石器；后来，出现了驯服动物和新的农业设备。例如，人们学会驯服猪、绵羊、山羊、马和牛。于是就有了更多种类的食物可以来养活人类。他们也用金属制造新工具来帮助他们的工作，如耕犁。这些新的金属工具使农事活动简单有效。

第三，人们也开始了分工。因为有了更多的食物，人们开始农业、手工艺和贸易等多项活动。有些人从事贸易和食物交换的组织活动；有些人则是制作一些盆和篮子。当然，男人和女人之间的关系也发生了变化。男人负责田地里的重活，女人则负责在家从事家务和照顾孩子。男人在家庭和社会中的角色都变得越来越重要了。

随着体力需求的减少，人们有了更多的时间和精力来创作艺术作品，或者是用写作的方式来记录和传承文化。相比之下，在农业革命之前，文化是十分有限的。

总之，农业革命为社会、政治和经济的发展提供了基础，由此导致了古代文明的诞生。

（译者：王训建）

> 　　根据题目要求做出了较为全面的比较和分析，回答逻辑清晰、条理清楚、用语精练。总体来看，是按照"总—分—总"的结构来回答问题的。各类文化因素按照人与自然的关系、技术进步、行业和性别分工来进行农业革命前后的对比，不仅陈述了现象，而且总结出本质上的改变：文化丰富的原因是体力需求的减少带来的时间和精力分配的改变，人类得以用各种方式记录和传承文化，使得古代文明更加丰富和复杂。

第五节　生物
——呼吸系统与循环系统疾病

Respiratory

Acute Respiratory：

1. Emphysema

Causes：

The main risk factor for emphysema is smoking, which activates inflammatory cells in the lung. This inflammation causes: 1) swelling within the bronchioles; 2) activation of enzymes called proteases which attack and destroy lung tissue (the alveolar wall structures).

There is also an inherited form of emphysema. The relatively rare condition known as alpha 1-antitrypsin deficiency is the genetic deficiency of a chemical that protects the lung from damage by proteases. This results in panacinar (pan = widespread + acinus = sac) emphysema, which destroys the alveoli throughout the lung uniformly.

Emphysema is also a component of aging. As the lungs get older, the elastic properties decrease, and the tensions that develop can result in small areas of emphysema.

In underdeveloped countries, a common cause of emphysema is indoor air pollution. In these populations, it is very common to have indoor stoves in the kitchen. The smoke from cooking results in the damage to the lungs.

Symptoms:

Emphysema is a progressive disease with symptoms beginning in patients after 50 years of age. Prolonged exposure to smoke gradually causes enough lung destruction to cause the characteristic cough and shortness of breath. Affected individuals with alpha-1 antitrypsin deficiency tend to develop symptoms of emphysema at earlier ages.

Each of the subtypes has characteristic symptoms; those primarily associated with emphysema are shortness of breath and wheezing. Initially the shortness of breath (dyspnea) occurs with activity; as time continues and the disease progresses, the episodes of dyspnea occur more frequently eventually occurring at rest making routine daily activities difficult to perform.

Treatment:

Emphysema is not a curable disease, once lung damage has occurred it cannot be reversed. The goal of treatment is to stop further lung destruction and preserve lung function. The patient needs to know that the focus is on improving quality of life and limiting the intrusion of emphysema on daily activities. Emphysema tends not to be the primary cause of death, but can be a contributing factor to other organ failure.

2. Asthma

Causes:
(Omitted)

Symptoms:

You are more likely to have asthma symptoms at night or in the early morning.

Not everyone with asthma has the same symptoms: Some people with asthma are more likely to cough rather than wheeze; Other people have asthma symptoms during different seasons; Still other people find that sports or exercise triggers asthma symptoms.

Treatment:
(Omitted)

3. Bronchitis

Causes:

Acute bronchitis is usually caused by a virus. Often a person gets acute bronchitis after having an upper respiratory tract infection such as a cold or the flu. In rare cases, acute bronchitis is caused by bacteria.

Acute bronchitis also can be caused by breathing in things that irritate the bronchial tubes, such as smoke. It also can happen if a person inhales food or vomit into the lungs.

Symptoms:

The most common symptom of acute bronchitis is a cough that is dry and hacking at first. After a few days, the cough may bring up mucus. You may have a low fever and feel tired.

Acute bronchitis symptoms usually start 3 or 4 days after an upper respiratory tract infection. Most people get better in 2 to 3 weeks. But some people continue to have a cough for more than 4 weeks.

Treatment:

Most people can treat symptoms of acute bronchitis at home. Drink plenty of fluids. Use an over-the-counter cough medicine with an expectorant if your doctor recommends it. This can help you bring up mucus when you cough. Suck on cough drops or hard candies to soothe a dry or sore throat. Cough drops won't stop your cough, but they may make your throat feel better.

4. Pneumonia

Causes:

Germs called bacteria or viruses usually cause pneumonia.

Pneumonia usually starts when you breathe the germs into your lungs. You may be more likely to get the disease after having a cold or the flu. These illnesses make it hard for your lungs to fight infection, so it is easier to get pneumonia. Having a long-term, or chronic, disease like asthma, heart disease, cancer, or diabetes also makes you more likely to get pneumonia.

Symptoms:

Symptoms of pneumonia caused by bacteria usually come on quickly. They may include:

Cough. You will likely cough up mucus (sputum) from your lungs. Mucus may be rusty or green or tinged with blood.

Fever.

Fast breathing and feeling short of breath.

Shaking and "teeth-chattering" chills. You may have this only one time or many times.

Chest pain that often feels worse when you cough or breathe in.

Fast heartbeat.

Feeling very tired or feeling very weak.

Nausea and vomiting.

Diarrhea.

Treatment:

Doctors use antibiotics to treat pneumonia caused by bacteria, the most common cause of the condition. Antibiotics have a high cure rate for pneumonia.

Your doctor will choose your antibiotic based on a number of things, including your age, your symptoms and how severe they are, and whether you need to go to the hospital. The number of days you take antibiotics depends on your general health, how serious your pneumonia is, and the type of antibiotic you are taking.

Most people see some improvement in symptoms in 2 to 3 days. Unless you get worse during this time, your doctor usually will not change your treatment for at least 3 days.

5. Viral pneumonia

Pneumonia also can be caused by viruses, such as those that cause the flu and chickenpox (varicella). Antibiotics do not work to treat pneumonia caused by a virus.

At this time, there is no proven medicine to treat pneumonia caused by the flu virus. Home treatment, such as rest and taking care of your cough, is the only treatment.

Varicella pneumonia, which is rare, can be treated with antiviral medicine.

Circulatory

1. heart attack: occurs when blood flow to a part of your heart is blocked for a long enough time that part of the heart muscle is damaged or dies. The medical term for this is myocardial infarction. Most heart attacks are caused by a blood clot that blocks one of the coronary arteries. The coronary arteries bring blood and oxygen to the heart. If the blood flow is blocked, the heart is starved of oxygen and heart cells die.

2. Stroke: happens when blood flow to your brain stops. Within seconds, brain cells begin to die. There are two kinds of strokes. The more common kind, called ischemic stroke, is caused by a blood clot that blocks or plugs a blood vessel in the brain. The other kind, called hemorrhagic stroke, is caused by a blood vessel that breaks and bleeds into the brain.

3. Heart Disease [most common Coronary Artery Disease (CAD)]: occurs when a substance called plaque builds up in the arteries that supply blood to the heart (called coronary arteries). Plaque is made up of cholesterol deposits, which can accumulate in your arteries. When this happens, your arteries can narrow over time. This process is called

atherosclerosis.

4. Vascular Disease

Aneurysm：
An aneurysm is an abnormal bulge in the wall of a blood vessel. They can form in any blood vessel，but they occur most commonly in the aorta（aortic aneurysm）which is the main blood vessel leaving the heart. The two types of aortic aneurysm are：

Thoracic aortic aneurysm（part of aorta in the chest）.
Abdominal aortic aneurysm.

孟宇森，目前就读于美国康州私立高中10年级。学校JV篮球队主力队员，动漫社团主要组织者。留美前在北京第二中学初中部就读，组织发起成立了留学微信群（北京第二中学海外友好会），旨在帮助有留美需要的同学。

呼吸系统：

1. 肺气肿
导致肺气肿的原因：

肺气肿的主要危险因素就是吸烟，吸烟导致了小气道黏膜下层的炎症细胞浸润。炎症的原因，一是细支气管内部肿胀；二是蛋白酶激活作用攻击和破坏肺部组织（肺泡壁结构）。

还有一种遗传型肺气肿。此症相对罕见，是由于α1-抗胰蛋白酶缺乏，它是一种化学物质，是保护肺部免受伤害的蛋白酶。它的缺失会导致肺泡受到损坏，从而导致囊状肺气肿。

肺气肿也可以是一种老化表现。随着肺部的变老，弹性组织张力降低，导致局限性肺气肿。

在不发达国家，肺气肿的一个常见原因是室内空气污染。厨房内的火炉在烹饪过程中产生的烟就会对肺部造成损伤。

症状：

肺气肿是一种进行性疾病，通常患者50岁后开始出现症状。长时间暴露于烟雾中会导致肺部的损伤，当损伤达到一定程度，就会引起典型的咳嗽和气短。患有a-1抗胰蛋白酶缺乏症的患者，其症状多出现在早期。

每种亚型都有特有的症状，对于肺气肿的主要表现就是气短和喘息。最初，只是在患者活动的时候出现气短，随着时间的继续、病情的加重，呼吸困难会更加频繁地发生，最后在休息时也会出现，这样一来患者的日常活动都有困难。

治疗：

肺气肿是一种非治愈性疾病，一旦肺部损伤发生就不可逆转。治疗的目标是避免肺部进一步受损并保护肺功能。病人需要了解的是，治疗的重点是提高生活质量和限制肺气肿对日常生活的侵扰。肺气肿已经不是引发死亡的主要原因了，但它可以是其他器官衰竭的一个诱因。

2. 哮喘

原因：

（略）

症状：

哮喘多出现在夜间或者早上。

不是所有哮喘患者都有相同的症状：有些人的哮喘表现不是急速的喘息而是咳嗽；另一些人的哮喘在不同的季节会有不同的症状；还有一些人运动或锻炼会触发哮喘的症状。

治疗：

（略）

3. 支气管炎

原因：

急性支气管炎通常是病毒引起的。上呼吸道感染后患上急性支气管炎，如感冒或流感。在极少数情况下，细菌也会引起急性支气管炎。

急性支气管炎也可能是由于吸入了刺激支气管的物质引起，比如烟雾。在吸入异物或者呕吐物进入肺部的情况下，都有可能患上急性支气管炎。

症状：

急性支气管炎最常见的症状就是咳嗽，最初是干咳。但几天之后，咳嗽有时会咳出痰，可能会有低烧并感到疲倦。

急性支气管炎的症状通常在上呼吸道感染之后的 3 或 4 天开始出现。大多数人在 2 到 3 周就会恢复，但有些人可能会有超过 4 周的咳嗽。

治疗：

大多数人能够在家治疗急性支气管炎。多喝水，如果医生建议的话，可以使用非处方止咳祛痰药。咳嗽时，这些措施可以帮助黏液排出。含服止咳滴剂或硬糖能缓解喉咙的干燥和疼痛。止咳滴剂不能止咳，但会使喉咙的感觉好些。

4. 肺炎

原因：

被称为细菌或病毒的病原体会引起肺炎。

肺炎通常是由病菌吸入到肺部引起。感冒或者流感之后会更易患上肺炎。这些疾病使得肺部难以抵抗感染，所以更易患上肺炎。如患有长期或者慢性疾病就会更易患上肺炎，例如哮喘、心脏病、癌症或糖尿病。

症状：

由细菌引起的肺炎症状通常出现很快。这些症状可能包括：

咳嗽：可能会从肺里咳出痰来，咳出的痰可能呈现铁锈色或绿色甚至带有血丝。

发烧。

呼吸急促并感觉气短。

寒战：可以出现一次也可能是出现多次。

胸痛：咳嗽或呼吸的时候感觉疼痛加重。

心跳加速。

感觉很累或虚弱。

恶心和呕吐。

腹泻。

治疗：

医生使用抗生素来治疗由细菌引起的最常见的肺炎，抗生素有着很高的治愈率。

医生根据以下情况选择抗生素：年龄、症状和严重程度以及是否要住院治疗。抗生素的服用天数取决于健康状况、肺炎的严重程度和正在服用的抗生素的种类。

大多数人的症状在2～3天就会有一些改善。医生一般不会改变治疗方案，至少3天之内不会，除非在此期间你的病情有所加重。

5. 病毒性肺炎

肺炎也可能由病毒引起，比如引起流感和水痘的病毒。治疗病毒引起的肺炎，抗生素不起作用。

到目前为止，还没有探明药物可以治疗流感病毒引起的肺炎。家庭治疗是唯一的可行措施，如多休息，对症治疗咳嗽。

罕见的水痘肺炎，是可以通过抗病毒药物进行治疗的。

循环系统：

1. 心脏病发作：流入心脏的血流部分受阻，造成部分心肌受损或坏死。其医学术语就是心肌梗死。大多数心脏病发作是由冠状动脉血栓所致。冠状动脉负责把血液和氧气输送到心脏。如其血液流动受阻，心脏就会缺氧，心肌细胞就会死亡。

2. 中风：发生在大脑血供发生停止的时候。在几秒钟之内，脑细胞开始死亡。中风一般分为两种类型。比较常见的类型称为缺血性中风，是由脑血管内血块凝结堵塞血管引发。另一种类型称为出血性中风，是由于血管破裂、出血进入脑组织内引起的。

3. 心脏病 [最常见的冠状动脉疾病（CAD）]：斑块样物质生长在心脏的供血血管内（冠状动脉）就会发生心脏病。斑块由胆固醇沉积而成，它会在动脉血管内堆积。由于斑块堆积，血管腔就会随着时间的推移而变得狭窄。这个过程被称为动脉粥样硬化。

4. 血管疾病

动脉瘤：

动脉瘤就是血管壁的异常膨隆。他们可以发生于任何血管，但他们最常见于主动脉（主动脉瘤），主动脉是与心脏相连的大血管。主动脉瘤分两型：

胸主动脉瘤（胸部的主动脉部分）。

腹主动脉瘤。

（译者：王训建）

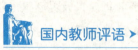

国内教师评语 ➤

　　本文参考了大量的网络文字和视频信息，对于呼吸系统和循环系统的各种疾病，从原因、症状到治疗方法均作出解答，内容涵盖面广、实用性较强，可以看出作者准备得比较充分，提前查阅了大量的数字和事实，便于阅读者了解总体情况。文章结构比较清晰，逻辑清楚，信息含量大。

第四章 压力山大
10 年级

学习到后半夜在 9 年级并不多见，但是到了 10 年级就开始成为常态了。各门功课的压力都在加大，具有较强学习能力的学生也开始不断挑战自我。本章介绍 10 年级英语、历史和数学竞赛的制度以及中国家长眼中的历史教学的可圈可点之处。

第一节　英语
——我的姥爷

人物描写作业要求

2/26/2013

For Wednesday:

Please freewrite in your journal for seven minutes on four of the prompts below. Time yourself. Keep your hand moving, and take a few minutes between writing sessions.

Really work to not stop, to follow any and all thoughts, even if they seem irrelevant. Shoot for at least 2 journal pages.

—Details, thoughts about an uncle or grandfather.

—Details, thoughts about a first meeting with someone who became important to you later on.

—Details, thoughts about a time someone taught you something.

—Details, thoughts about something given to you by someone.

—Details, thoughts about someone with whom you have had a conflict.

—Details, thoughts about a person who is eclectic, unpredictable, unique...

For Thursday:

Using one of your freewriting prompts, write a paragraph describing this person's personality by describing his/her physical traits and behavior. Work to not make any direct statements about his/her personality or character ("he's such a sweety," "she's so mean," etc.). Use details to capture character.

Now write a one-paragraph anecdote that shows him/her involved in some kind of action. Now, let the action do the work, resisting just telling us about his/her character.

Type and print out both of these paragraphs.

3/1/2013

Bring to class on Monday: 2~3 pages of a draft of your developing "portrait" essay. Use the paragraphs you did this week in the essay. Please don't use any of the paragraphs you wrote this week as the opening of the essay. I'm trying to get you to experiment with starting an essay in the middle, then coming back and deciding where might be a good starting point.

Find one grammatical error in your essay, find an explanation of the error in *Easy Writer*, and bring *Easy Writer* with you on Monday.

Read Sandra Cisneros' "Only Daughter". Answer question 1 under Questions on Meaning in your journals.

3/4/2013

Add one page to your essay. Add about half of this in the middle or at the beginning of the 2 pages you have already written.

3/5/2013

Continue to work on your portrait essay. For tomorrow, cut 3 sentences and be prepared to discuss why you made these cuts.

3/6/2013

The draft of your portrait essay will be due on Turnitin. com by Sunday, 3/10 at 11pm. I want this to be a complete draft. I will provide comments but no grade, and you will revise thoroughly and then submit a final draft. Again, this draft should be a finished draft, representing your best work on your own. If the draft is too "rough", this will be reflected in my comments and in the final grade.

3/6/2013

For Thursday:

Read the handout, "Terwilliger Bunts One" by Annie Dillard. Draw a map of the essay. Include words, some quotes and an image of the center of the essay and how things "revolve" around or "work toward" that center.

For Friday:

Bring in at least 3. 5 pages of your portrait essay. PRINTED OUT by class time, and be prepared to work in small groups on your essay.

3/6/2013

Also for Friday. Read 2 of your peers' essays and come pre-pared to discuss one thing in each essay that impressed you.

3/9/2013

Bring to class a completed，typed and printed out draft of your portrait essay to class on Monday.

（Have your printed essay in hand at the beginning of class！No running off to the computer lab to print it out，etc. ...）

Upload an electronic version of the essay to Turnitin. com by Monday night，11pm.

3/11/2013

Come to class with a printout of your essay with annota-tions. I want to see these really marked up—things crossed out, new passages written in the margins，notes toward what you want to change...

3/12/2013

For Wednesday：Print out and bring to class my comments from Turnitin. com. （Click on print icon on bottom of screen and it should give you the option to "download cur-rent view for printing. "）Mark the essay extensively with a pen/pencil. Work to delete 4~5 sentences, and write 4~5 new sentences in the margins/on the back. Make them messy and as "ugly" as possible.

For Thursday: Reading TBA.

For Friday: Essay due at 11pm on Turnitin. com. (You have a "grace period" till Sunday, if you need to use it because of a busy test/quiz schedule this week.) In class reading: Select your favorite passage from your essay and be prepared to read it aloud to the class.

3/12/2013

New Schedule:

For Wednesday: Print out and bring to class my comments from Turnitin. com. (Click on print icon on bottom of screen and it should give you the option to "download current view for printing.") Mark the essay extensively with pen/pencil. Work to delete 4~5 sentences, write 4~5 new sentences in the margins/on the back. Make them messy and as "ugly" as possible.

Read "Only Daughter" by Sandra Cisneros for another take on the portrait or "tribute" essay.

For Thursday: Meet in the library computer lab.

For Friday: Essay due at 11pm on Turnitin. com. In class

reading：Select your favorite passage from your essay and be prepared to read it aloud to the class.

2013 年 2 月 26 日

周三：

请根据下面四个提示在你的日记本上进行七分钟的自由写作，自己计时。一定要坚持动笔，动笔之前留几分钟构思，写起来就不要停，抓住任何或所有想法，即使看上去不相关，要求至少写两页。

——详细描述你的叔叔或爷爷以及对他的看法

——详细描述对你很重要的一个人、初次见面的细节和对他的看法

——详细描述别人在教给你一件事时的情况和你的看法

——详细描述别人给你一样东西时的情况和你的看法

——详细描述跟你有冲突的一个人和你的看法

——详细描述身边一位不拘一格、不可预知、想法独特的人和你的想法

周四：

选用其中一道自由写作题目，通过对他/她的外貌或行为的刻画写一段描写他/她个性的文字，争取不要直接对其个性或性格做判断性描述（比如"他很可爱"，"她是太刻薄了"等）。利用细节捕捉人物。

写一段轶事来表明他/她参加的活动。用动作来说明问题，并由此来向我们讲述他/她的性格。

输入并打印出这些段落。

3/1/2013

周一带到教室：两三页的人物描写草稿，使用你本周写的这些段落，但请不要以此作为开头。我正试着帮助你们体验如何从中间开始写作，然后回过头来，看看什么地方将会是一个好的起点。

在文中找到一处语法错误，并在 *Easy Writer*① 中找到相应解释，下周一来上课的时候带上 *Easy Writer*。

阅读桑德拉·西斯内罗斯写的《独生女》。在日记的"问题的意义"

---

① 常用语法书。

中回答第 1 题。

3/4/2013

在文中添加一页。将此页添加在文章的中间位置，或者开始处。

3/5/2013

继续你的人物描写作业。明天，从文中删去三个句子，并准备讨论自己为什么删掉这三个句子。

3/6/2013

你的人物描写作文草稿必须在 3 月 10 日（星期日）晚上 11 点前提交到 Turnitin.com①。希望提交的草稿是全文，我会提出我的意见，但是不会给分。然后你们再彻底修改，之后提交一稿。同样，修改后提交的文章也必须是完整的，代表你最好的成果。如果提交的草稿太过粗糙，我会写在评论里面，并且这将影响最终成绩。

3/6/2013

周四：

阅读讲义中安妮·迪拉德写的 "Terwilliger Bunts One"。写出文章框架。包括用词、引言和对文章中心的描述，并标明这些是如何围绕并支持文章中心的。

周五：

带上你的人物描写作文，至少三页半。上课之前打印好，并准备进行小组讨论。

3/6/2013

周五时，阅读两篇你同学的文章，并准备就文中给你留下深刻印象的一点进行讨论。

3/9/2013

周一将完整的人物描写作文稿打印出来，带到课堂。

（上课一开始就要拿着打印好的作文，不允许再返回实验室的电脑前去打印……）

周一晚上 11 点前将作文电子稿上传至 Turnitin.com。

---

① 交论文用的网站，具有防抄袭功能。

3/11/2013

来上课的时候带上打印好带有注释的作文。我希望看到如下变化：删掉了一些句子，在空白处添加了新的段落，你想要改变的注释……

3/12/2013

周三：从 Turnitin.com 打印出我的评语并带到教室。（点击屏幕下方的打印图标，会有"下载打印当前视图"的提示。）在文中用钢笔或铅笔做出详细标记，要删除四五个句子，在空白处或背面写出四五个新句子。混乱一点儿、难看一点儿也没关系。

周四：阅读 TBA。

周五：

请在晚上 11 点前将作文上传至 Turnitin.com。（由于本周的繁忙测试，如果需要的话可以有一个宽限期，宽限期至周日。）课堂阅读任务：在你的作文中选出你最喜欢的信息，并准备朗读给全班同学听。

3/12/2013

新的时间表：

周三：

从 Turnitin.com 打印出来并带到教室。（点击屏幕下方的打印图标，会出现"下载打印当前视图"的提示。）在文中用钢笔或铅笔做出标记，要删除四五个句子，在空白处或背面写出四五个新句子。混乱一点儿、难看一点儿没关系。

阅读桑德拉·西斯内罗斯的《独生女》，用作人物描写作文或"致敬"作文的一个参考。

周四：图书馆实验室集合。

周五：

将作文上传至 Turnitin.com，时间截止在晚上 11 点。课堂阅读：在你的作文中选出你最喜欢的段落，并准备朗读给全班同学听。

English 10
Sharon Gu
03/16/2013

My Grandfather

Until writing this profile, I realized how little I knew about him. Or, should I say I only know part of him. While preparing, I searched him on the Internet trying to get some information. I did not hold much hope, but his information came out from the first page. I could not believe it was my grandfather until I looked up the photo.

Nothing matched in my memory except for his name Wang Zhenqian, and his birthday 31st January 1939. Other information like his career as a newspaper editor or researcher in an institute I have never heard before. It is also said on the website that he has edited a series of books and written several plays. Sadly, I never watched the plays or read the novels he wrote.

My memories about him were gradually erased by the time. I can hardly remember what he looks like. Tan skin and rough hands are the only two features of him I remember well, and they are engraved in my mind. His face was dark and wrinkled; his fingers were blackened by smoke and ink. His clothes were very simple, with the smell of tobacco. He never forgot to keep cigarettes and the lighter in his pocket. He smoked very fiercely, and he never wanted to give it up. I also found his photo during an interview. I did not know he had been interviewed before. He wore a blue shirt and a buff sweater. He sat cross-legged on the sofa and leaned his head on his hand. His smile was the same when he looked at his satisfying painting or read a new history resource. Quite exaggerating smiles. He did not really care what he looked like in the television or people would think of him. As I looked over his life, I realized that he truly lived the life he wanted instead of the life based on other's wishes.

For me, the first time I clearly remember him was when I came back from Australia. My parents sent me to my grandparents' home. Every Sunday, he sent me to my boarding school by his black bicycle. On some weekends, he took me to the markets. I liked going out with him, especially in winter. Because someone was selling Chinese snacks outside the market, with sugarcoated haws on a stick. And I could always get one when he was with me, no matter whether I asked or not. My father would not let me eat that freely, but grandfather would. He did not care if it would be bad for my teeth or others. Like he knew clearly the harm of smoking but he kept that habit. He thought most of our time was spent in restrictions, so when he was on his own he would live what he liked. And he tried his best to make me live independently.

He was the kind of unconstrained person. My mother told me that he was able to study in Beijing University but he skipped the last subject test to play or celebrate something. It was a strange but not surprising decision made by him.

He kept his inclination through his life. As he started to collect Chinese pottery in his late years, his stubbornness and liberty were clearly revealed. He placed various porcelains everywhere in his house. But I do not think these potteries are real relics; probably they are just modern crafts that were made antique looking. He was not a real collector that would spend money on buying expensive relics. He enjoyed appreciating the art of them. He would spend a whole afternoon in his study enjoying his collections. He would hold them in hands and gently move his hands around to feel the shape or closely look at the colors and figures on it. His eyes were almost pasted on the crafts. Sometimes he used his palm-sized magnifying glasses when he was really attracted. He put his old black magnifying glasses right next to the surface, and his eyes were almost stuck on it. He would also ask me to stay near by and say, "Xinran, come here. Have a look at this piece. Do you see any flaw down here?" or "Can you feel the ethereal texture of this one? How would you describe it?" He named these potteries, put them in order and even wrote poems for everyone. My favorite one was the third in the first rank, a steel-blued colored calabash shaped pottery. He set it in front of a row of black covered books in the left. It had a cool and smooth surface with tiny dark stains on it, seeming to be ages. Every time I saw this, it recalled my memory of him. They must have something in common but I am not sure what is it. Perhaps it is the sediment of turbulent years.

Besides his personality, his art left an essential mark in my life. His art was the expression of himself. As I said before, he was unconstrained. But he also grew up in a traditional Chinese family, so his painting was the traditional Chinese style. And his writing all came from Chinese history. He had so many books about history, like "the Historical Records", Dynastic Histories... In the interview, he talked about one of his plays about Qing emperor Qianlong. He actually put the passage that Qianlong's official wrote in the play and retained the rhythmical earmark of the parallel prose. He knew all these lost characters.

It is interesting to see how he revealed traditional art in his broadly art style. He did not stick on the art's formula. Most of his artworks I have seen are pyrography —using a soldering iron to draw on gourds or wood boards.

I remember watching him doing his artwork. Once I walked in his study and saw him using a piece of glass scraping a gourd. I did not know why he was scraping it. "There is some fluff on its surface, and it will affect my work." He explained without looking at me, and his hands kept moving on. With a one-centimeter-thick glass in his hand, it moved fleetly and steadily on the curved surface. I could not understand why he was having fun doing this, because it was so boring that I would give up in ten minutes. He used a big soldering iron on this gourd after he carefully observed the surface of it. The hot iron left trails on the yellow gourd; messy marks gradually built a mountain that reached above the clouds, and streams that ran around the bottom. He also did one with a cock for me. Black lines outlined this mighty cock with a bright red comb stating its pride. I really like this delicate gourd. But I was born in the year of cattle, not the year of cock. It took me years to understand it.

Now, that caramel colored trace on the wood is so attractive to me. I regret that I couldn't keep his art living on. I did not learn it from him when he was near. So until now, I try to reach the level he achieved before.

Interestingly, I heard most of his stories from my mother instead of himself. Years after his funeral, in a Chinese New Year, my mother talked about him. It was the first time I knew that he was sent to the farms in the countryside during the Cultural Revolution. For me, this incident is something lying in the history book while all teachers try to avoid touching it. And it surprised me when I knew my relatives were involved. So, after he graduated, the Cultural Revolution began. Around that time, he wrote a poem referring to a girl he loved before. Then the people in charge of the exiling said he was symbolizing the old society. So he was sent to the village called "Yu-bai", very inside the mountain. He had to grow corn, build the irrigation system and carry dung every day to earn his living. It was a hard time and it continued for ten years. During that time, he went on well with both native farmers and other exiled students like him. And he kept his art in this isolated place. He drew the coffins for the dead, wrote couplets and painted pictures for villagers during New Year.

On January 18th, 2009, He passed away in hospital. He did not get till his birthday. His funeral was filled with so many different faces. I did not think he would expect this. I thought of his landscapes, the traditional Chinese landscape style. They always had mountains, trees, running streams and relaxed scholars in boats or pavilions. I thought he would prefer a peaceful funeral.

My grandfather's study is still in his house. Several bookshelves that nearly reach the roof stand on two sides. Big references about history, art and ancient civilization pile up on the top of the shelf. Complete series of fictions take all the space in the right shelf. He read all of them. His desk sits right down the window. A white felt with the trace of being burned and newspapers are left on it, brushes hanging aside, like waiting for him to continue his work. All these are the same as before, before my grandfather had passed away.

我的姥爷

直到要写这篇传记，我才猛然意识到原来自己对他所知甚少，或者说，只是一部分。在写这篇传记前，我试图从互联网上获得一些关于他的信息。我并没抱多大希望，但当网页打开时，我简直不敢相信这上面写的就是我的姥爷，直到我看到了他的照片。

在我的记忆中，除了他的名字——王振潜，生日——1939 年 1 月 31 日是我知道的以外，网上的其他信息，例如：一家报社的编辑、一家研究院的研究员等，我从来都没有听说过。网上还写到他编辑了一系列的图书、写了好几个剧本……遗憾的是，我基本没看过。

随着时间的流逝，我脑海中关于他的记忆越来越模糊。我很努力地回想着他的样子，印象最深的是他被太阳晒得有些黑的皮肤和粗糙的双手，脸上布满了皱纹，手指被香烟和墨水弄得有些发黑。他所穿的衣服都很简单，并带有烟草的味道。他烟抽得很凶，从未想过戒掉，在他的口袋里，总能找到烟和打火机。我在网上还看到了他接受采访时的照片，在此之前我从不知道他接受过采访。照片中的他穿着蓝色衬衫和浅黄色的毛衣、左手支着下巴，翘着腿坐在沙发上。当他看着自己满意的画作或者读到一个新的历史资料来源时，就会非常开心地大笑。他并不在乎自己在电视里所呈现的形象或者人们怎么评价他，他按照自己的方式生活而不想被他人左右。

关于他比较清楚的记忆开始于我从澳洲回来时，爸爸妈妈把我送到姥爷家。每个星期天，他会骑着黑色的自行车把我送到寄宿学校。有时候周末他会带我去超市。我很喜欢和他出去，尤其是在冬天，因为超市外边卖小吃的地方有卖冰糖葫芦的，无论我是否开口要求他都会买给我。他不会像爸爸那样因为怕对我的牙齿不好而总不给我买，就像他虽清楚地知道吸烟有害健康，却从不戒掉一样。因为他觉得我们大多数时间都活在约束当中，所以能支配自己生活时就应随意地去生活，他尽量让我活得自由。

他是那种不喜欢受约束的人，我妈妈告诉我，以姥爷的成绩本能够考上北大，但高考时最后一门他竟然忘了去考！不过对于了解他的人而言这也没什么可吃惊的。

他一生都保持着自己的生活态度。在他晚年时，开始收集瓷器，他的固执和随性在此时表露无遗，在他的房子里随处可见各种瓷器。其实我觉得这些并不是真的古董，也许只是一些仿古的工艺品；他也不是一个真正的收藏家，不会花钱买昂贵的古董。但他喜欢欣赏它们，可以花整整一个下午的时间来研究它们。他会在手里把玩这些藏品，翻来覆去地仔细欣赏每一处颜色和轮廓。他的眼睛贴得很近，当某些细节让他感兴趣时，他会透过一个手掌大小的黑边放大镜去仔细观察，眼睛几乎贴在放大镜上。他还会叫我过去，然后对我说："欣然，过来看看这个地方，你觉得有什么缺陷吗？"或者说："你能感觉它散发的空灵感么？你想怎么形容它？"他给这些瓷器起名字、编号，甚至为它们作诗，其中我最喜欢的是一个铁青色的葫芦，他把它排名为一品第三名，摆在一排黑皮书的左前方，它表面亮而光滑，还沾染着点点黑斑，仿佛很有年代感。如今每当我看见它，总能勾起对姥爷的回忆，他们之间一定有共同之处，虽然我并不确定那是什么，也许是动荡岁月的沉淀吧。

除了他的品格，他的艺术作品也给我留下了很深的烙印。他的艺术作品就是他自身的体现。正如我之前说的，他是个不受约束的人。但同时他又是在中国传统家庭中长大的，所以他的画作是中国传统人文画。他的文学作品也都有关中国历史，他有很多历史方面的书籍，像《史记》、断代史……在采访中，他谈起了关于清朝皇帝乾隆的一部电视剧，在其中他把乾隆臣子所写的歌颂文章放入剧本，并保留了该骈文的韵律特征。虽然这些文体已经不再使用了，但他还是掌握得很好。

我觉得研究他如何在他广泛的艺术创作形式中展现传统是非常有意思的。他从不局限于艺术的形式，我见到的他的大部分作品是使用烙铁在葫芦或木板上烫画。

我记得观看他作画的过程。有一次，我走进他的书房，只见他正在用一块玻璃刮葫芦，我不知道他为什么要这么做，他眼睛盯着葫芦，也不看我，边刮边说："它的表面有一层绒毛，会影响我接下来的创作。"一厘米厚的玻璃在他手里又快又稳地划过葫芦的曲面，我实在不明白他为什么觉得好玩儿，要是我的话 10 分钟不到就烦了。他举着一个大的烙铁，仔细观察葫芦的表面，烙铁在黄色的葫芦上移动，凌乱的痕迹逐渐变成一座被层云笼罩的高山，山脚下还有小溪流过。他还烙了一只公鸡的葫芦给我，寥寥几笔黑色线条勾勒出这个大公鸡的轮廓，头顶鲜红的鸡冠显示着它的骄傲。我真的很喜欢这个精致的葫芦，虽然我是属牛的，而不是属鸡的，这些事我花了很长的时间才搞明白。

现在，画在木材上焦糖色的痕迹是如此吸引我。遗憾的是，我不能延续他的艺术。他在世时，我没能学到他的一点儿皮毛，所以我现在正努力学习以达到他的水平。

有趣的是，有关他的故事我是从我母亲那里听说的，而并非他亲口告诉我的。他葬礼之后那年的春节，我的母亲谈起他，这是我第一次知道在"文革"期间，他曾被送到边远的农村。对于我来说，这些事件是写在历史书上的东西，而且所有的老师也都尽量避免过多地讨论它。当我知道我身边的人与之有关后，我感到很惊讶。事情是这样的，姥爷毕业后，"文化大革命"开始了，他给以前喜欢的一个女孩写了一首诗，当局说这象征着怀念旧社会。于是，他被送到山里一个叫作"淤白"的村子，他种玉米、修水利、担粪，这种艰苦的生活一直持续了 10 年。在那段时间里，他与当地农民以及下乡的知识青年相处很好，在那个与世隔绝的地方，他继续着自己的创作。村里有丧事时他会帮助画棺材，过春节他还会帮村民们写春联、画年画。

2009 年 1 月 18 日，姥爷去世了，距离他 70 岁生日只差 13 天。他的葬礼来了很多人，我从来都没有见过这些人，我觉得他也没想到会这样。当时我想到他的画，中国传统的山水画风格，山川、溪流、大树，在小舟或亭榭中的文人墨客……我猜想他可能会更喜欢一个安静的葬礼。

姥爷书房里还是保留着原样。房间两侧并排的几个书柜几乎顶到了天花板。左侧的书柜摆满了历史、艺术、文化各类大部头的参考书，右侧则堆满了成套的小说。他的书桌正对着窗户，桌上铺着白色的毡垫，毡垫上面还有被烫过的痕迹。报纸还堆在左手边，毛笔挂在旁边的笔架上，就像等待它的主人回来继续创作。一切都和姥爷在世时一样，仿佛他从未远离。

（译者：王艳）

The following sentences really impressed me：

"I realized that he truly lived the life he wanted instead of the life based on other's wishes.

His art is the expression of himself.

I thought of his landscapes, the traditional Chinese landscape style. They always had mountains, trees, running streams and relaxed scholars in boats or pavilions. I thought he would prefer a peaceful funeral."

I think the writer is someone who truly understands her grandfather. Although grandfather has passed, I'm sure his spirit will go on.

下面的句子确实给我留下很深的印象：

"他按照自己的方式生活而不想被他人左右。

他的艺术作品就是他自身的体现。

当时我想到他的画，中国传统的山水画风格，山川、溪流、大树，在小舟或亭榭中的文人墨客……我猜想他可能会更喜欢一个安静的葬礼。"

我想作者是真正懂她的姥爷的。尽管姥爷已经去世，但他的精神仍会延续。

总评 >

91/100，Sharon，some very good additions and revisions here. I especially like the way you return to his study describing it as if his books and things were waiting for him to return. I also really appreciate, as a reader, the heartfelt connection you show us, how you admit that you wish you knew him better, how you paint a really vivid image of him for us all to see. I only wish I could see some of his artwork，read some of his poems.（Would it be possible to attach them as images?）There were still a range of English errors，but this was much stronger overall. Well done.

满分 100，得分 91。这一版新添加的内容和修改都不错。我特别喜欢你回到你姥爷的书房，描写他的书和物品就像等待他回来的那部分。作为一名读者，我还十分欣赏你表现出来的感动人心的联系，包括你承认你多么希望能够更加了解他。你为我们描绘了一幅生动的人物形象。我非常希望能够看到他的一些作品并阅读他的一些诗篇。（能不能贴在后边作为附图呢?）文中还有一些英语用法上的错误，但文章总的来说确实不错。

作文的结构化分数打分参考 ▶

作文是按照结构化打分进行评价的，下面是这篇文章的结构化分数，以及在每一项评价中不同档次的标准。

中心思想（30%），本文作者所得分数为 95/100。

作文的中心思想占总分的 30%，共划分为三个层次。作文主题突出、情节安排得当，读者能够被作文的思想所感染，可获得 81~100 分的成绩；作文中心不是非常明确，但是描写有力，引人入胜，读者有可能不能完全领会作文意图。这样的作文可获得 61~80 分的成绩；若文章没有明显的中心主题，感觉就像是对随机事件的一个解释说明，则只能获得 60 分以下的成绩了。（结构化的各部分分别以百分制评分，最终成绩为：此部分百分制成绩×此部分所占总分比例。如：作者本部分获得 95 分，最终成绩计算时应为：95×30%＝28.5 分。）

想象力（30%），本文作者所得分数为 90/100。

本部分占总分的 30%，分为三个层次。作文的核心是一种表现胜于平铺直叙的表现力，通过对感觉的吸引力来表现思想，读者能够融入故事给作者所带来的最初的那种思想。若能如此表现，则可获得 81～100 分的成绩；如果有好的思想，也有难忘的细节和画面，但是只是平铺直叙或者细节不够饱满或表现不清楚，只能拿到 61～80 分的成绩；如果细节较少或篇幅短小，而且又没有表现力的，只能拿到 60 分以下的成绩了。

情节展开占总分的 20%，分为三个层次。

文章形式感强，并通过认真仔细的思考后展开写作，各段落紧扣中心，并有一个令人满意的结尾。这样的文章在本部分可拿到 81～100 的分数；如果文章在形式方面一般，开头和结尾存在赘述，部分主体段落或偏离主题。这样的文章在本部分能拿到 61～80 分的成绩；如果形式混乱，上下逻辑不清晰的话，就只能拿到 60 分以下的成绩了。

语气语调占总分的 20%，分为三个层次。

文章拥有前后一致且引人入胜的人性化的语气语调，能够让读者感觉到故事的思想是来自一个鲜活的人，如此，能够在本部分拿到 81～100 分的成绩；如果文中的语调不统一，让读者觉得有的地方有时候像是另一个人，或者是另外一个角度。这样的话可以在本部分拿到 61～80 分的成绩；如果文中语调发生根本变化，或者没有表现出一种语调，或是让读者觉得文中的话语不是来自人类。如果真是这样，恐怕只能拿到 60 分以下的成绩了。

语法占总分的 5%，分为三个层次。

没有语法错误和错别字的可拿到 81～100 分的成绩；存在 1～2 语法错误的可拿到 61～80 分的成绩；如果出现 4 处或者更多主要语法错误的就只能拿到 60 分以下的成绩了。

格式占总分的 5%，分为三个层次。

文章的长度、字体等达到要求，适当的时候使用引用，并经过彻底修改的，可在本部分拿到 81～100 分的成绩；文章篇幅有些短小，有一两个引用错误，或对前稿修改不彻底的，能拿到 61～80 分的成绩；文章只有 1 页纸的长度甚至更短，没有经过修改或者修改非常少的，只能拿到 60 分以下的成绩。

上文作者各部分的得分为：中心思想 95/100、想象力 90/100、情节展开 90/100、语气语调 85/100、语法 80/100、格式 95/100，所以作者的最终成绩为：

$95 \times 30\% + 90 \times 30\% + 90 \times 20\% + 85 \times 10\% + 80 \times 5\% + 95 \times 5\% = 28.5 + 27 + 18 + 8.5 + 4 + 4.75 = 90.75$，取整即为 91 分。

第二节　历史
——明代艺术

Sharon Gu

10/12/2012

The Art of Ming Dynasty

In 1368，the native Chinese established Ming under the leader of Zhu Yuanzhang. The Ming dynasty is one of the most powerful and prosperous dynasties in Chinese history. It's expanded the territory into central Asia and Vietnam. It has a series of voyages all the way to Africa. When a dynasty reaches the zenith of power, culture and art begin to flourish. Expansions and trade brought foreign influences to Ming's artwork. Also, the art inherited traditional Chinese culture from proceeding dynasties. So the art of Ming dynasty combined both foreign and traditional culture and it is unique in Chinese history. The art of Ming dynasty is famous for its painting, novels, architectures and ceramics. The painting entered a new level since Song dynasty; the colloquial novels began to be published; the Forbidden City was built in Beijing; ceramics became popular in the world. The interesting thing is that these magnificent artworks were produced not for artists themselves but for one reason, to please the emperor. Throughout history art has always been like a mirror that shows the conditions of a period. Focusing on Ming dynasty, the supreme status of the emperor is the basic circumstance. The art of Ming dynasty shows this period, especially the sovereign power of the emperor.

In Ming dynasty, ceramics developed a lot and demonstrated the political power of emperors. Ceramics has always been a major type of artwork in China and various kilns are all over the country. To show their power, emperors built their own imperial kilns. The five imperial kilns built for Song royal households were the best in that time. And in Ming, Jingdezhen was the greatest imperial kiln throughout the country. The government not only gave kiln lots of money, but also sent officials to supervise their works. To distinguish imperial ceramics from those produced in folk kilns, their patterns cannot be the same. For instance, dragon is the symbol of Chinese emperors. In the imperial kiln, a dragon patterns are allowed to have five claws. But in folk kilns, a dragon can only have three or four claws.

Also, the themes of ceramics show the hierarchy of Ming dynasty because they are hugely influenced by the Emperor's personal preference. For instance, Taoism attracted Jiangjing Emperor, so the ceramics produced during his reign have much to do with Tao. The ceramics mainly look like calabash, because calabash is what Taoists often used. The patterns are about Yin Yang, the Eight Diagrams, red-crown cranes and immortals. And during Zhengde period, because he had an Arabian wife, some writings on ceramics were changed into Arabian.

To display emperors, domination, another thing artisans did was putting inscriptions on the bottom. Each emperor wanted different inscriptions to be diverse but often it was the emperor's name and reign title. So ceramics in Ming dynasty shows that emperors had the sovereign power and were respected by everyone.

Painting is another primary type of art in Ming and was sponsored by the emperor. In the court, the painters were gathered in the palace and received salaries as officials. Of course, they had to paint what the emperor liked. In Ming dynasty, the court painters painted plenty of figure paintings, such as the life of emperor and his wife, or the achievements of royal households. Hongwu wanted to show how diligent he was, so the paintings were all about Zhu Yuanzhang's building the dynasty starting from scratch. Yongle wanted to show his sagacity, so the paintings were about the judicious emperor and wise officials. Also, the Chinese emperor was regarded as "the son of heaven", so the emperor was often portrayed as god or dragon.

Outside the court, folk paintings started to decline, and it was also because of the emperor. The founder of Ming dynasty, Zhu Yuanzhang was a peasant, so he thought those scholars were going to revolt. In order to maintain his power, the Ming emperor restricted the public and it was reflected on folk paintings. Because of the restriction, the realism paintings reached a new level. Painters can only express themselves in their paintings.

The power of the emperor also influenced the religion and can be found in fresco. Ming dynasty had complex religions and philosophy. Confucianism, Buddhism and Taoism were spread in the masses. Islam was spread from Arabic and there were other religions in Xizang. However, emperor's favor was the most important. The hierarchy of Confucianism satisfied the emperor, and he used Buddhism and Taoism to control the public. But since Confucianism was not a religion, it was hard to show it in paintings. So when we look at those frescos on Ming temples, one painting often contains both Buddhism and Taoism. Generally, from paintings we can also see how powerful the emperor was in Ming. And since we talked about temples, Ming architecture was also a great development.

In Ming dynasty, the court architecture had also reached a high level of demonstrating the honorable royal household. Yongle emperor ordered to build the Forbidden City, and till today this luxurious palace is standing in the middle of Beijing, receiving people's respect. In 1406, people started to build this City and they finished it in 1420. The City consists of 980 buildings and covers 720 000 square meters. The artists tried to build 999 buildings to please the emperor but did not succeed. Every place in this architecture shows the power of the emperor. The name of Forbidden City in Ming was "Zijincheng". "Zi" refers to the North Star, which in ancient China was called the Ziwei Star; it is the star for the emperor. "Jin" means "forbidden". It is to say that no one can enter or leave this palace without the emperor's permission. The name of it already led the royal's status up to the sky. the Hall of Supreme Harmony acts as the main palace; the whole city is bilateral symmetry to axle wire. Each palace has nine rooms in the front and five rooms in the back. In ancient China 9 and 5 were also numbers to represent emperors. And the color of the emperor's roofs is also distinguished from the others: Bright yellow was only for the emperor. The Hall of Supreme Harmony is the most majestic and towering palace in the City. It is 63 meters long and 35 meters wide, another 9 and 5. On its eave, it is encraved with 10 beasts that only exist in Chinese myths. This hall is the highest level of Chinese ancient architecture. In the Hall of Supreme Harmony dragon decorations are everywhere, which makes the emperor more admiring and mysterious.

The emperor's chair was 11 meters above the ground. When the emperor and officials talked about administration, officials were not allowed to see the emperor's face. In the Forbidden City, supreme imperial power is the only impression. In Ming dynasty, supreme emperor was the only condition.

Although the artworks in Ming dynasty were magnificent, they were too constrained. The Chinese traditional feudal system was clearly demonstrated.

明代艺术

1368 年，中国中原地区人民在朱元璋的领导下建立了明朝。在中国历史上，明朝是最为强大和繁荣的朝代之一。它的领土曾经扩张到中亚和越南，并数次完成远航，通往到非洲。当一个王朝的权力到达顶峰时，文化和艺术都开始蓬勃发展。领土扩张和贸易为明代的艺术带来了外国的影响；同时，历代中国传统文化也得到承传。所以明代的艺术结合了海外文化和传统文化，在中国历史上具有独特的地位。明代的艺术以绘画、小说、建筑和陶瓷最为著名。从宋代起，绘画已经达到了一个新的水平；通俗小说开始出现；紫禁城在北京建成，陶瓷在世界范围内开始流行。有意思的是，这些令人惊叹的艺术品产生的主因不是艺术家本身，而是为了取悦皇帝。有史以来，艺术发展犹如一面镜子折射着所处的社会阶段。聚焦到明代，皇帝无上的地位是当时的历史背景，明代的艺术展示着那个时代的特点，特别是皇帝的独裁权力。

在明代，陶瓷有了很大的发展，这也证明了皇帝的政治权力。在中国，陶瓷一直是主流的艺术品，各种窑炉也是遍布全国各地。为了彰显自己的权力，皇帝建造官窑来烧制陶瓷。为宋代皇室建造的5个官窑曾经是最好的。到了明代，景德镇成了全国最大的官窑。政府除了给官窑很多钱之外，还会派官员来监督工作。为了区别于民窑，官窑的图案会有所不同。比如，龙是中国皇帝的象征。官窑烧制的陶瓷龙允许有5个爪子，但民窑只能有3个或4个爪子。

同时，瓷器的主题也表现了明代的等级制度，而且这些主题在很大程度上受到皇帝个人偏好的影响。比如，嘉靖皇帝深受道教影响，所以其在位期间出产的陶瓷都与道教有着很大关系。道家经常使用葫芦，所以当时的陶瓷外形看上去像葫芦。陶瓷的图案是关于阴阳、八卦、红冠鹤和神仙等元素。而在正德年间，因为皇帝有一位阿拉伯妻子，陶瓷上的有些文字变成了阿拉伯文。

为了彰显统治地位，皇帝做的另一件事就是把铭文放至陶瓷的底部。每个皇帝都希望使用不同的铭文以示多样化，但通常都是皇帝的名字和年号。所以，明代的陶瓷显示出皇帝的统治权和人们对皇帝的尊重。

绘画是明朝的另一种主要艺术形式，并且也会受到皇帝的资助。在朝廷里，画家也像官员一样集聚在一起，并接受俸禄。当然，他们必须绘画皇帝喜欢的内容。在明代，宫廷画家的很多作品都是关于人物的，比如皇帝与其妻子的生活，或是王室的成就。洪武帝为显示其勤奋，所以绘画作品多是关于朱元璋从零开始建立王朝的内容。永乐帝想展示他的睿智，所以绘画的是严明的皇帝和明智的官员。同时，中国皇帝被认为是"天子"，所以皇帝通常被描绘成神或龙。

朝廷之外，民间绘画开始衰败，这也是因皇帝而起。明太祖朱元璋是一个农民，所以他认为人若有学问就会造反。为了维护自己的权力，明皇帝限制出版，这就影响了民间绘画。正是因为限制，现实主义绘画达到了一个新的水平。画家只能在他们的绘画中表达自己。

　　皇帝的权力也影响到了宗教，并且在壁画中也有迹可循。明代有着复杂的宗教和哲学，儒教、佛教和道教得到广泛传播，伊斯兰教由阿拉伯人传入，而西藏另有其他宗教。然而，皇帝的支持是最重要的。儒家思想的等级制度满足了皇帝，同时他利用佛教和道教来控制公众。但由于儒学不是宗教，所以很难在绘画中体现。当我们看到明代寺庙的那些壁画时，会发现往往在一幅画中同时包含了佛教和道教。总之，从绘画中我们能看出明代皇帝的权力有多么强大。既然我们由壁画说到寺庙，明代的建筑有很大的发展。

　　在明代，宫廷建筑在展示对皇室的尊崇方面也达到一个很高的水平。永乐帝下令建造皇城，直到今天，这座豪华的宫殿仍然矗立在北京的中心，并接受人们的"朝拜"。皇城 1406 年开始建设，1420 年完成。它包含 980 座建筑，占地面积 72 万平方米。艺术家试图建造 999 座建筑来取悦皇帝，但没有成功。这座建筑的每个地方都展示了皇帝的权力。明代的皇城称为"紫禁城"。"紫"是指北极星，它在中国古代被称为"紫薇星"，它是皇帝专属星。"禁"是指"禁止"，是说未经皇帝的允许没有人可以进入或离开宫殿。宫殿的名字已经展示了皇帝与天相齐的无上权力。大殿太和殿为主宫殿，整座城沿中轴线双边对称。每个宫分别在前面有 9 个房间，后面有 5 个房间。9 和 5 这两个数字在古代中国也代指皇帝。皇帝的屋顶的颜色也有别于其他人，明黄色只有皇帝可以使用。大殿太和殿是整个皇城中最为雄伟、高大的宫殿。大殿长 63 米，宽 35 米，是 9 和 5 的另一种体现。对于屋檐，上面刻着 10 只兽，这些神兽只存在于中国的神话之中。这个大殿是中国古代建筑的最高水平。在太和殿龙纹装饰随处可见，这使得皇帝更加令人敬仰且更有神秘感。

　　龙椅设立在高 11 米以上的地方。当皇帝和官员谈论政事的时候，不允许官员看见皇帝的脸。在紫禁城，最主要的就是要体现皇权最高。在明代，皇帝至高无上就是艺术的背景条件。

　　虽然明代的艺术品很华丽，但是受到太多的约束。中国传统的封建制度得到了清晰呈现。

（译者：王训建）

国外教师评语 ▶

She did terrific work on her thesis paper about the art of Ming Dynasty. Her argument about the influences of emperors on the art was fascinating and convincing.

她在明代艺术一文上所做的工作很了不起。关于皇帝对艺术的影响使人陶醉并具有说服力。

国内教师评语 ▶

最大的感受是，老师给学生留的作业题目《明代艺术》，作为10年级学生的历史作业，真的看起来很宏伟，学生会怎么把握和表现真的很令人好奇。从本文可以看出，作者思维具有整体性，宏观地而非片段地看待问题，并且尝试着去分析原因。文章从陶瓷、绘画，到寺庙壁画和宫廷建筑，一一列举现象，同时不忘分析皇权对艺术的影响，对于明代艺术的华丽和约束做了辨证的总结。由于题目包容性强，内涵的全面也是重要的，文章中遗漏了艺术的其他一些方面，比如诗歌和明代重要的小说介绍等。

第三节　数学竞赛

数学竞赛的赛制

中国留学生以数理化见长，有机会的话都会争取参加相关的竞赛。数学竞赛是其中一类，亚裔学生也是很多学校参加数学竞赛的主力军。与国内不同的是，在很多学校，数学队是一个社团，有指导老师，但是也把大量的管理工作交给了学生。加入数学队如同加入社团一样，没什么门槛。不过，想要在各个层级的赛事中扬名立万，不仅需要优异的成绩，还要积极为自己争取上场的机会。随着中国学生的增加，有些学校数学队的主导权逐渐落在来自中国的留学生手中，这也是双刃剑，一方面是交流相对容易，另一方面也有从国内承继过来的一些规则或者毛病，如果指导老师完全放手的话，局面会比较复杂。

一个学校的数学队分高中队和初中队。高中队每年首先要参加 6 次校际比赛，在校际比赛中获胜的学校将参加每年 3 月份举行的全州比赛。全州前 4 名的队伍将参加全英格兰地区的邀请赛。初中队每年参加 3 次比赛，科目从 7 年级数学一直到微积分基础，难度跨度很大，既提高了学生个人的数学能力和信心，也为高中队储备了人才。

数学竞赛题目的难度也是很多国内学生关心的问题，下面是 Hillhouse High School 的数学竞赛题目：

Greater New Haven Mathematics League

Varsity Contest 4: December 9, 2010

Round 1: Arithmetic – Open

1. Find n if there are 666 zeros between the decimal point and the nth five of the irrational number 0.05005000500005 ...

2. No math tournament exam is complete without a self referencing question. What is the product of the smallest prime factor of the number of words in this problem times the largest prime factor of the number of words in this problem?

3. Given that $\sum_{n=1}^{\infty} \frac{1}{n^2} = \frac{\pi^2}{6}$, evaluate $\sum_{n=1}^{\infty} \frac{1}{n^2+8n+16}$.

1. _____

2. _____

3. _____

下面是 Wilbur Cross High School 的数学竞赛题目：

Greater New Haven Mathematics League

Varsity Contest 1: September 23, 2010

Round 1: Arithmetic – Open – Focus on Fractions

1. In simplest form, what is the numerical value of: $\dfrac{\dfrac{3}{2}-\dfrac{2}{3}}{\dfrac{3}{2}+\dfrac{2}{3}+\dfrac{3}{2}\times\dfrac{2}{3}}$

2. What fraction must be added to $\dfrac{3}{4}$ of $\dfrac{5}{7}$ to get $\dfrac{2}{3}$ of $\dfrac{7}{8}$?

3. A man brings his two sons into his business. The eldest has three children and the youngest has two. The father decides to share $\dfrac{3}{10}$ of his business profits with his sons proportionally to the number of children each has. If the youngest son receives $12,000, what is the father's share of the profit?

1. _____

2. _____

3. _____

美国中学生可以参加的数学竞赛很多，包括全美数学竞赛（简称 AMC）、美国数学奥林匹克（简称 USAMO）、美国数学邀请赛（简称 AIME）、数学奥林匹克夏令营（简称 MOSP）和国际数学奥林匹克（IMO）等。我们在这里摘录了一些资料。

全美数学竞赛 AMC

全美数学竞赛（AMC，American Mathematics Competition），1950 年由美国数学协会 Mathematics Association of America（MAA）首次举办，时称美国高中数学考试（AHSME）。1985 年时 MAA 增加了初中数学考试（AJHSME），2000 年以后这些考试统一被称为 AMC，AMC 总部现设在美国加州内布拉斯加大学林肯校区。

AMC 是目前世界上信度最高的数学科目测试，每年仅在北美地区正式登记参加比赛的学生就超过 30 万人次。此项测试已被美国中学校长们推介为各学校每年的主要活动。在全球与美国一起进行同步测试的还有中国、加拿大、英国、法国、新加坡、韩国、印度、印度尼西亚、马来西亚、比利时、芬兰、希腊、智利、瑞典、土耳其、匈牙利、罗马尼亚、日本、菲律宾、阿联酋、中国香港及台湾等几十个国家和地区的近 3 000 所学校。

AMC 考试包括 AMC8、AMC10 和 AMC12。AMC8 全称 American Mathematics Contest 8，参加对象为 8 年级及以下年级学生。AMC8 的考试内容与 7、8 年级数学大纲相联系，包括（但不局限在）整数、分数、小数、百分数及比例等算术以及数论、日常的几何、周长、面积、体积、概率及统计、逻辑推理等。该考试给参加者提供了应用初中所学概念来处理由易到难并包含广泛应用的机会。许多考题旨在挑战学生并提供解决问题的经验，这是在多数初中数学课堂中所学不到的。此项考试提供了一些中学程度数学概念的教学与评量；其题目范围不仅是由易而难，而且还涵盖了较广泛的数学实际应用。其中的一些题目颇具挑战性，难度高于一般的中学数学。

1. AMC8

AMC8 源于 1985 年的美国初中数学竞赛（AJHSME，American Junior High School Mathematics Examination），2008 年起禁止使用计算器，此外，其成绩表现不错的学生也将被邀请参加 AMC10 测验。该竞赛于每年 11 月的一个星期二举行，由 25 道单项选择题组成，答对 1 题得 1 分，答错不扣分，满分 25 分；竞赛时间 40 分钟。获得高分的学生被邀请参加美国高中数学竞赛。

2. AMC10 和 AMC12

美国高中数学竞赛 AMC10/12（American Mathematics Contest 10/12）参加对象为高中或高中以下年级学生，测验题型范围由容易到困难。AMC10/12 测验的问题都很具挑战性，但测验的题型都不会超过学生的学习范围。AMC10/12 包含 25 道选择题，包含演算概念理解的数学题型，考试时间 75 分钟，允许使用计算器（工程用计算器除外）。竞赛内容为除去微积分以外的高中数学，所选问题与解决方案都阐明相应的重要数学原理。有些问题的选择答案列出了细微但非偶然的混淆及常见的计算错误，有些问题还有快捷的"技巧性"解决方案，这些第一次出现时似乎是技巧的方法正是解决大量问题的技术。由于获得这些技能，考生的数学技能及方法将得到极大提高和扩充。由于考题是为从一般学校的普通学生到重点学校的优秀生阶段中的每一位而设计的，考题的安排由易到难，大多数题目都具有挑战性，但是在考生力所能及的范围内。由于考查的能力及知识面很广，考生的成绩分布很广，通常在 AMC12 中获得 100 分及以上或在 AMC10 中获得 120 分及以上的考生比例较低，这些学生将被邀请参加美国数学邀请赛，高中低年级学生有机会多次参加 AMC10/12，并自豪地发现自己能力的变化。

AMC 通过其完善的测试体系一直承担着为美国培育世界数学奥林匹克（IMO）选手的重任。AMC 的研究人员透过 AMC8、AMC10、AMC12、AIME 等一系列测验，找出绩优生参加 USJMO 和 USAMO，再从全美数十州筛选出 12 位精英，成立美国数学奥林匹克夏令营（MOSP），最终从中选出代表美国参加 IMO 的 6 名选手，组成 IMO 美国国家队。

现在 AMC 不但成为美国顶尖数学人才库，其成绩还成为评估申请入学者在数学科目上学习成就的依据。由于 AMC 考试成绩国际通行，因此在世界不同地区参加 AMC 考试，成为学生增加国际竞赛经验，提升学生国际化学习和竞赛背景，提高入学竞争力的重要途径。

AMC 的奖项设置

参赛成绩最好的学校可获 School Certificate of Honor 证书；每位参赛

者都可以获得一个参赛证书；成绩位于所有参赛学生的前 1%，可获杰出荣誉证书；成绩位于所有参赛学生的前 5%，可获荣誉证书；在参赛学校中成绩最高的学生会得到一个证章；分数排在参赛学校前 3 位的学生会分别得到金、银、铜证书；6 年级和 6 年级以下的学生成绩达到一定水平可得到鼓励证书。以上所有证书均由美国数学竞赛委员会主任和竞赛总监签字颁发。

AMC 在中国

2006 年，AMC 中国区组织委员会成立，开始组织中国学生参加 AMC 的系列竞赛，由于基础较好，中国学生的获奖比率每年都在全球名列前茅。其中，2006 年参赛学生人数近 2 000 名，2007 年近 2 300 名，2008 年近 6 800 名，2010 年近 16 000 名，2011 年人数已超过 26 000 名，2012 年人数超过 30 000 名。2012 年中国各地参加 AMC 的会员单位已经超过 100 个。

美国数学奥林匹克（简称 USAMO）

美国数学奥林匹克竞赛 [USA(J)MO, United Sates of America (Junior) Mathematical Olympiad] 始于 1972 年，是数学能力和智慧的角逐，其难度和灵活度都是较高的，因此在国际上也是有相当影响的数学竞赛。美国数学奥林匹克在美国的地位等同于我国的中国数学奥林匹克（CMO）。

美国数学奥林匹克在每年的 4 月底或 5 月初举行，难度与国际数学奥林匹克相当。每次竞赛有 5 或 6 道试题（1972 年第 1 届至 1995 年第 24 届每次 5 道试题；1996 年第 25 届起为每届 6 道试题），前 24 届要求考生在 3.5 个小时内完成，从 1996 年起改为分两天进行，每天 3 道题，在 4.5 个小时内完成。自此美国数学奥林匹克完全模仿 IMO 的考试形式进行。美国每年由 USAMO 的优胜者进行数学奥林匹克训练，最后选拔 6 名学生作为美国国家队队员，参加国际数学奥林匹克（IMO）。

USAMO 的目的是，发现并挑战具有杰出才干（高超的独创性，丰富的数学知识及优秀的计算专长）的中学生；发掘这些可能成为下一代数学界精英的学生的数学才干。每年 260～270 名基于 AMC12 及 AIME 的高分者被邀请参加 USAMO，230～240 名基于 AMC10 及 AIME 的高分者被邀请参加 USAJMO，只有美国公民或在美国的合法居住者才有资格参加此考试，之前阶段的竞赛无此要求。

美国数学邀请赛（简称 AIME）

1983 年 3 月，美国中学数学竞赛和美国数学奥林匹克组委会联合举行了首届美国数学邀请赛（AIME，American Invitational Mathematics Examination）。组织委员会规定：当年 2 月参加美国中学数学竞赛成绩在 95 分或 95 分以上者，才有资格参加 3 月举行的美国数学邀请赛。然后选出前 50 名再参加 5 月举行的美国数学奥林匹克。最后选出优胜者进行集训，代表美国参加 7 月举行的国际数学奥林匹克。美国数学邀请赛每次出 15 道题，每题 1 分，满分为 15 分。每道题的答案都是不超过 999 的正整数。最初两届竞赛的时间都是 2.5 小时，从第 3 届起改为每次 3 小时，至 1989 年已举行了 7 届。

AIME 提供了更进一步的挑战及认可，超越了 AMC10 及 AMC12 所能提供的，这让美国地区以外对数学方面有优异才能的学生透过了国际性的数学测验提升了对自己的肯定。而 AIME 成绩优异的美国籍学生或在美国的合法居住者将再被邀请参加 USAMO 数学测验。

AIME 测验包括 15 个问题（问答和应用题），考试时间为 3 小时，每题的答案都在 0～999 这些数字之中。AIME 测验是问题更具深度、更困难的测验，并不是以猜测的方式就可以获得正确的答案。但就像 AMC10、AMC12 一样，只要由数学的概念稍加计算后即可得到答案；在 AIME 的测验中不允许使用计算器。AIME 是为了让被邀请参加的学生更能了解他们在数学上的能力。就像所有的数学测验一样，它是推动学生对数学的发展及兴趣的一个媒介。但测验真正的价值在于对学习准备的了解及进一步解决数学问题的思维。

数学奥林匹克夏令营（简称 MOSP）

数学奥林匹克夏令营（MOSP，Mathematical Olympiad Summer Program）由 24 个有前途的学生（含国际数学奥林匹克竞赛美国队的 6 名成员）及指导教师组成。参加学生的选拔方法如下：首先按照 USAMO 的分数排名，然后选出前 8 名（国际数学奥林匹克竞赛美国队的 6 名队员及 2 名替补），再在接下来的 17 名高分学生中依次选出非高年级的学生，如果选出的学生不够 24 名，则按 9 倍 USAMO 分数与 AHSME 分数及 10 倍 AIME 分数的总和选择非高年级的学生来补充名额。夏令营将在一些重要的数学领域中给学生提供丰富的知识、深入的内容以激发他们保持和提高在数学方面的兴趣，为进一步研究数学做充分准备。这些内容包括组合论证、生成函数、图论、递推关系、嵌进和与积、概率、数论、多项式、方程理论、复数、算法证明、函数方程、Ramsey 定理、几何、抽屉原理、包含排除、经典不等式等内容（传统上，与其他国家相比，这些内容在美国的学校受到较少重视），深入认识理解这些内容才能在国际数学奥林匹克竞赛中有合理的表现。夏令营还努力在参加者中营造一种友好的合作关系，并让他们感受到合作及自尊的愉快。夏令营保证了美国队在国际数学奥林匹克竞赛中的表现，恰当地反映了美国最优秀学生的能力和创造性。历时 4 周的夏令营结束后，由 USAMO 的前 6 名组成的美国队参加国际数学奥林匹克竞赛。（视情况而定，如 2011 年美国 IMO 队员选拔取决于他们在 MOSP 及各种竞赛中的表现，2012 年则是 USAMO 的前 6 名）。

第四节 艺术
——我在美国上艺术课

美国对艺术课是非常重视的，不像在中国，经常被主课老师"霸课"。在我现在就读的这所高中，想要毕业必须要学两门艺术课，但是上什么课程是不规定的，让我们自己选择，课程有表演、唱歌、乐队、画画、雕塑、电影制作、舞台设计等。我觉得这种选择非常好，可以选择自己擅长的或者爱好的，这样更能找到自己的兴趣。

我上 8 年级的时候选择了一门表演课。这门课当时对我的挑战非常大，要自己写稿子、想动作，还要在全班面前表演。我在国内从来没做过这些事情，现在一下子叫我用英文写剧本，真是压力山大。戏剧课的时候老师让我们在电脑教室写剧本，一节课后，我看了看左右两边的同学，他们的屏幕上已经密密麻麻了，而我还是面对着一个只有我头的影子的屏幕，看着他们写得得心应手，我却连格式都搞不清楚，当时真的又紧张又羞愧。后来，我一有空就去找老师"开小灶"，讨教怎么写剧本。我的第一次表演是要一个人演，旁白对话都要自己讲，还要配上动作。那天，表演之前我和老师约在中午吃饭之时先给他表演一遍，让老师提提意见，讨论一下动作和叙述时的语气。在老师的指点下，下午我的舞台处女秀还不错，起码没忘词。经过那次表演之后我慢慢有了经验，在学期末我和戏剧班的同学们有一个面对全年级的演出，我演一个拄着拐杖的老爷爷，虽然戏份不多，但是我的那几句台词还是引得台下笑声一片。演出结束之后我还专门问了几个观看的老师和同学，他们都说我表现得不错。其实戏剧课不单单只是学了表演，还有很多别的帮助。在美国的课堂里经常需要面对全班做实验报告或者演讲。在我上戏剧课之前，只要一上台我肯定是缩在别人后面的那一个，一开口说话一定得拿一张事先写好的稿子，可是，经过半年戏剧课的磨炼，我可以独自在班级同学面前大声地说我想说的了，原先手上拿的一张张写满字的纸也变成了一张卡片，上面记录的也只是一些帮助我发言的关键词。

9年级的时候，我选了雕塑和绘画。雕塑是我一直想学的，而绘画又是基础。我的每门艺术课是一个礼拜两次，作业量还不少，雕塑课的作业就是画很多设计草图，写一些对自己作品的想法。绘画那门课的作业要花和别的课几乎一样的时间，甚至更多。美国的老师不会手把手教我们怎么画画，大多数是让我们自己观察，他们觉得观察对于画画来说非常重要，如果老师教我们一笔一笔画的话我们就没有自己的风格了，所以在我的绘画班上几乎每个人对同一个物体的描绘都是不一样的。绘画课上老师经常用各种方法来引导我们寻找灵感，记得有一次老师给我们看了一部电影，我们想：美术课怎么会看电影呢？电影结束后，老师给每个人发了一张纸让大家静静地想了5分钟，然后让我们用各种颜料来呈现那部刚刚看完的电影。原来老师给我们看电影是有目的的呀。

在美国学艺术不止教会我们画画、雕塑、拍电影而已，而且也会培养我们在各个方面的鉴赏能力，每个学期我们都要对自己做出评价，对自己的作品进行解释。去年雕塑课的最后一个作品

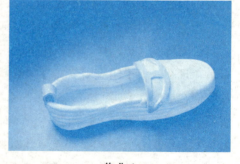

作业 1

就是寻找几位自己最喜欢的世界著名雕塑大师，对他们的雕塑作品进行赏析，总结他们的特点，然后提出一个自己感到困惑的地方，最后，选择一个自己最喜欢的大师，用他的特点，但是又要用不同的材料、不同的样子来创造一个带有自己风格的作品。我想在中国只有学美术专业的学生才会有这种经历吧。

总之，在美国，选修艺术课不是什么坏事，而且不用怕没天分或者基础差之类的，因为老师注重的是你的兴趣和对这门课的认真程度，艺术这个东西本来就没有一个很确定的评分标准，态度是很重要的。

作业 2

我是**张泽凡**，父母希望我心地善良、有爱心，因此取名泽凡。2010年我赴美国读书，现为美国私立高中二年级学生。平时不管在美国还是中国，我总喜欢去帮助别人。在美国，我组织义卖，帮助受飓风影响的大西洋城的学生们；在寒冷的圣诞节前夕当义工去帮助社区里的人。暑假回中国，我坚持随医疗队上山下乡来帮助因为交通不便而没法看病的老人们；跟大学生一起去救助站帮助那些失去父母的孩子。在学习上我也很努力，因为我知道只有自己成功了才能帮助更多的人。这就是我，来自浙江的张泽凡。

第五节 家长的话
——跟孩子"学"历史

历史在我们的教育里面从来就不是主角。我们这一代的历史知识是从有限的文学作品里学习来的，课堂上讲过什么反而记不太清了。历史也曾经是考生们复习起来最痛苦的一门课程，经常要背年代、事件等，这样的考试方法毁掉了一个最有意思的学科。我的女儿 Sharon 在初中时学了多少历史我也不知道，她偶尔会问起一些历史事件，我也会告诉她有的事情教科书上没有写，有的事情教科书也不一定能完全忠于史实。

Sharon 到美国上 10 年级，文明史（下）是 10 年级必修课。刚开始，孩子遇到问题还是会给我打电话的，关于历史问过我的第一个问题是关于文艺复兴的，第二个问题是关于欧洲宗教改革的，第三个问题是关于中国儒释道三教的。文明史教得比较细，她所问的前两个细节问题我自然是回答不上来，觉得也很正常。真正让我领略到美国历史教育的理念与角度的是第三个问题。这个问题是这样出的："儒释道的共同点与区别，这三教会如何看待酒后驾车问题。"我的第一反应是痛苦。儒释道三家的区别与联系，我们历史课没学过！第二反应是抱怨。这问题也太刁钻了吧，连中国家长都不会的问题让孩子答?! 第三反应是喝彩。如果能够回答出三教对酒后驾车的看法，说明不仅理解了三家各自的教义，而且可以熟练应用于现实生活！

相信像我这样的家长有很多，看到题目的第一反应是"学过没有"。所谓学过就是课本上明确地写出，或复习提纲上有这么一道题，某某的区别与联系，答题也有一个套路，从几个角度分析。然后我们就去背，考试的时候根据记忆答题，记忆力好的就会有一个好的分数。于是培养出一代又一代掌握套路、善于记忆的学生。本来应该扩展应用的那部分训练却戛然而止，是因为没有时间，还是因为不好评价、不好考试？

美国学生成绩中考试只是占到很小的一部分，平时的作业、课堂表现、测验和学期论文与考试成绩一起决定了学期的成绩。我看到的教师评语更多的是关于学期论文的。Sharon 第一学期的历史论文是《明代的艺术》，题目是从几个选题里面挑选的。她花了大量时间阅读相关材料，又花了大量的时间在论文指导老师那里学习提高英文写作水平的方法。她的主要论点是明代艺术受到了传统和外来文化的双重影响，但是更主要的是，各种艺术深深地烙上皇权的印记。（文章见前文）

虽然文字和逻辑还需要进一步提炼，对于刚刚开始敢于独立思考的孩子来说已经难能可贵。老实说，如果没有一定的积累和阅读，观点是提不出来的。对于我们这一代人接受的教育而言，脑子里面更多的是课本的观点，而不是自己对各种问题的思考和见解。我很会考试，熟知而且熟记答题的套路。比如我们那个时代中国近现代历史有一道经典考题就是：××

农民起义为什么会失败？几十年过去了，我不仅清楚地记得题目，而且可以编出那个时代的标准答题要点来。不知道这样的考题还有没有，现在答题要点是什么。

到了第一学年期末，10 年级的历史课已经学习完第二次世界大战了。这阶段他们讨论了多数人暴政问题、集权问题、大屠杀问题。这些问题我们似乎接触过，但角度和方法不相同。现在听孩子讲一遍，既令人惊喜，又充满遗憾。惊喜的是孩子们终于可以看清过去究竟发生过什么，遗憾的是自己去正视这些问题还是有些晚了。对于我个人而言，其实很希望能够拿着孩子的历史书，重新学习一遍历史，换一个角度和方法去看人类在不同地域走过怎样不同的发展道路，而他们终将去向何处。

第五章 老生的奋斗
11 和 12 年级

高中后两年，同学们陆续完成了必修课的学分，个人在学术领域的兴趣爱好逐步明朗化，开始有计划地修习 AP 课程，为大学申请心仪的学校和专业做铺垫。在这一章节里，我们将与大家一起了解 AP 课程，并举例展示。我们把 12 年级的一项最主要的工作——大学申请放在另外一篇进行介绍。

第一节　AP 课程
难不难

AP 全称为 Advanced Placement，通常被称为大学先修课。AP 课程是由美国大学理事会（The College Board）提供的在高中授课的大学课程，美国高中 AP 课程有 22 个门类、37 个学科，已在美国 15 000 多所高中里普遍开设，目前以 Calculus AB（微积分 AB）、Calculus BC（微积分 BC）、Statistics（统计学）、Physics B（物理 B）、Macroeconomics（宏观经济学）、Microeconomics（微观经济学）几门课程为主。

AP 项目于 1951 年由福特基金会启动，1955 年由美国大学理事会接手管理。美国大学理事会接手后第二年举办了首次 AP 考试，当时的考试课程只有 11 门。之后美国大学理事会投入大量人力财力进行师资培训，并逐渐将昂贵的课程推广至低收入家庭的学生中。随着发展，考试课程已经由最初的 11 门发展到现在的 30 多门。而且国内许多公办高中的国际部和私立国际高中也开始开设 AP 课程，AP 考点也越来越多，北京、上海、南京等均设有 AP 考点。但是 AP 考试限每年只能考一次，大部分国内学生需要到中国香港、新加坡甚至日本、韩国等地参加考试。

每年的 AP 考试时间在 5 月，需要在 3 月前到美国大学理事会网站（http：//www. collegeboard. com）报名，每门考试的费用为 91 美元①。成绩的评定采用 5 分制，其中多项选择部分由电脑阅卷计分，自由答卷部分由有经验的 AP 教师或大学教授阅卷计分。

AP 课程的考试是基于学科的考试，与雅思、托福、SAT 等都不同，但是 AP 考试的成绩越来越受到重视。AP 不但是学习能力和发展潜力的有力证明，还可以抵扣大学学分，为 GPA 加分，为大学学习节省时间成本和经济成本。

除此之外，AP 考试中获得优异成绩的学生还可以获得学者奖的荣誉。学者奖由美国大学委员会颁发，虽然没有奖金，但是会有相应的获奖证书。而且学者奖会在学生送交各大学申请资料（包括的 AP 成绩报告）中体现，可以增加获奖者大学申请的竞争力和成功概率。

学者奖依据报考的门数和成绩有 10 个等级的划分，其中 AP 学者奖颁给报考 3 门以上 AP 科目且考试成绩均在 3 分或以上的学生；AP 荣誉学者奖颁给报考 4 门以上 AP 科目且考试成绩均在 3 分或以上，同时平均分在 3.25 分以上的学生；AP 特级荣誉学者奖颁给报考 5 门以上 AP 科目且考试成绩均在 3 分或以上，同时平均分在 3.5 分以上的学生；州立 AP 学者奖是在美国每一州选出男女学生各一名进行颁奖，标准是报考科目最多（每门科目成绩必须在 3 分以上）、所有报考科目平均分最高（最低 3.5分）；国家 AP 学者奖颁给报考 8 门以上 AP 科目、考试成绩均在 4 分或以上、同时平均分亦在 4 分以上的学生；国家 AP 学者奖（加拿大）颁给报考 5 门以上 AP 科目、考试成绩均在 4 分或以上、同时平均分亦在 4 分以上的加拿大学生；国家 AP 学者奖（百慕大）颁给报考 5 门以上 AP 科目、

---

① 根据美国大学理事会网上关于 2015 年 AP 考试费用的说明。

考试成绩均在 4 分或以上、同时平均分亦在 4 分以上的百慕大学生；国防部 AP 学者奖颁给报考 AP 科目最多（最少 3 门，每门成绩必须在 3 分以上）、平均分最高的男女学生各一名（属于美国国防部教育活动学校）；国际 AP 学者奖是选出男女国际学生各一名进行颁奖，标准是报考科目最多（最少 3 门，每门科目成绩必须在 3 分以上）、所有报考科目平均分最高；AP 国际文凭（APID）是颁给国际学生及申请美国以外大学的美国高中生，要求最少考 5 门学科，并在语言、国际视野、理科、文科四个课程类别中必须最少选 1 门，且每门学科成绩必须在 3 分以上。

第二节　如何选修 AP 课程

前面已经提到，AP 课程是美国大学理事会（The College Board）提供的在高中授课的大学课程，被称为大学先修课。接下来就与大家一起了解一下如何上 AP 课程。

AP 课程的重要性毋庸置疑。第一，AP 课程是在高中选修大学的课程，是学生学习能力的体现；第二，修一门大学课程需要花费数千美元，而选修 AP 课程只需花费 91 美元的考试费用，因此选修 AP 课程可以节省一些经济成本；第三，报考 AP 3 门以上的学生，依据其报考门数和成绩，可以获得相应学者奖荣誉。而且平均每门 AP 课程成绩可以为 GPA 增加 0.1 分，而 GPA 是许多大学录取时的考虑因素。因而选修 AP 课程有助于大学的申请；第四，若学生申请的大学承认 AP 成绩，则学生可以为大学节省时间成本，并积累大学学分。

什么样的学生可以选修 AP 课程？第一，学生选修 AP 课程前需完成高中课业任务。AP 课程的难度高于高中课业课程，是对学生学习能力的挑战，因此要求学生完成课业后才能选修。第二，有足够的时间和精力，并且能合理安排学习时间。即使想要选修某一门 AP 课程，也要注意兼顾其他科目的课业学习，完成课业学习任务是顺利毕业的前提。

选择什么样的 AP 课程？首先，AP 课程的选择要结合心仪大学的政策。一般在大学官网上会有 AP Policy 信息，介绍 AP 课程的要求和换分政策等内容。因此结合心仪大学 AP 政策有利于大学的申请。其次，充分考虑学生自己的时间和精力。AP 课程是对学生学习能力的体现，但是 AP 考试要比高中课业的难度高出很多，需要学生花费更多的时间和精力。一般 1 年修 1～2 门 AP 课程就够了，条件允许的学生可以多报。但是一般大学也就有 4～6 门 AP 课程的要求（少数学校会有 5～8 门的要求），所以不需要追求量多。另外，中国学生可能同时还要准备 SAT、托福等考试，因此更要注意时间和精力的合理安排。再次，AP 课程的选择要充分考虑自己的兴趣、专业和以后的职业规划。兴趣、专业和职业规划之间有着密切的联系，而 AP 课程归根结底是要有利于学生今后的发展，因而综合考虑自己的兴趣、专业、职业等显得十分重要。

　　来自中国的留学生大多在数学、物理等科目上占优势，如果符合自己的专业和规划，可在时间精力允许的情况下考虑优先报考，拿下优异的成绩。

附：

2014 年 AP 考试日程

Week 1		
Test Date	Morning (8 AM)	Afternoon (12 PM)
Monday May 5	AP Chemistry AP Environmental Science	AP Psychology
Tuesday May 6	AP Computer Science A AP Spanish Language and Culture	AP Art History
Wednesday May 7	AP Calculus AB AP Calculus BC	AP Chinese Language and Culture
Thursday May 8	AP English Literature and Composition	AP Japanese Language and Culture AP Latin
Friday May 9	AP English Language and Composition	AP Statistics
Studio Art	Last day for your school to submit digital portfolios and to gather 2–D Design and Drawing students for the physical portfolio assembly. Students should have forwarded their completed digital portfolios to their teachers well before this date.	
Week 2		
Test Date	Morning (8 AM)	Afternoon (12 PM)
Monday May 12	AP Biology AP Music Theory	AP Physics B AP Physics C：Mechanics
	AFTERNOON (2 PM) Special Exam time.	
	AP Physics C：Electricity and Magnetism is the only exam given at 2 PM.	
Tuesday May 13	AP United States Government and Politics	AP French Language and Culture AP Human Geography

Wednesday May 14	AP German Language and Culture	AP European History
	AP United States History	
Thursday May 15	AP Macroeconomics	AP Italian Language and Culture
	AP World History	AP Microeconomics
Friday May 16	AP Comparative Government and Politics	
	AP Spanish Literature and Culture	

第三节　学生
谈 AP 课程

中国学生在选择 AP 课程的时候离不了数理化，我就说说我的 AP 化学课吧。在学生中有这样一个传说，AP 化学是所有 AP 课里最难的，对于中国学生来说也是一个挑战。

AP 课程一般是要先上了荣誉（Honor）课程才能选修的，起码在我的学校是这样。AP 化学所讲的是荣誉课程知识的深度版。我在国内初三学过一年化学，所以荣誉课程对我来说并不难。我觉得掌握好荣誉课程的知识是学好 AP 课程的基础和起点。

AP 化学最大的挑战是实验报告（Lab Report）。我们化学老师跟国际学生也开玩笑，当我们问他"实验报告最难的是什么"，他说"Write in English"（用英语写作）。一份完整的实验报告由 Introduction（概述），Procedure（过程），Calculation（计算），Data analysis（数据分析），Error analysis（误差分析），Propagation of error（误差传递），Conclusion（结论）等几部分组成。一般情况下完整的实验报告要 10 页左右，双倍行距。有些实验简单得令人发指，要编出 10 页来真的很困难。我们的窍门是根据老师的评语修改，不懂的一定要去问。在数据分析中，要讲究表现的形式，需要图表作为辅助。学生最容易掌握基本的统计分析和作图，所以建议先修或同时选修 AP 统计学。

自学能力也是学好 AP 课程的保证。我们上课时从来不讲作业，讲的是最浅显的知识。但是下课以后每天的作业起码是 10 页以上的自学再加上做题。作业和读书都是要靠自己认真准备、仔细完成的。

与其他各门课相同的是，和老师沟通也很重要。我们的荣誉课和 AP

课是同一位老师，这位老师是嘴硬心软的典型。我刚转到他的班里去的时候被吓到了，总觉得他有点儿可怕，相处久了发现其实他挺可爱的。和老师沟通好，要增加和老师的相处时间。不管是特别辅导（extra-help）还是课前、课下那几分钟，请尽量显示出你对于这些知识的理解程度。课上尽量积极发言，如果真的憋不出话来，每天拿笑脸面对老师效果也挺好的。

最后记住，AP 有 10％的加成，所以成绩保持在 82、83 左右，成绩履历上就是 A 了。

附：AP 化学课本的目录

Matter and Measurements

Atoms，Molecules，and Ions

Mass Relations in Chemistry；Stoichiometry

Reactions in Aqueous Solution

Gases

Electronic Structure and the Periodic Table

Covalent Bonding

Thermochemistry

Liquids and Solids

Solutions

Rate of Reaction

Gaseous Chemical Equilibrium

Acids and Bases

Equilibria in Acid-Base Solutions

Complex Ion and Precipitation Equilibria

Spontaneity of Reaction

Electrochemistry

Nuclear Reactions

Complex Ions

Chemistry of the Metals

Chemistry of the Nonmetals

Organic Chemistry

Organic Polymers，Natural and Synthetic

第四节　AP 化学实验报告
——高尔夫球实验简介

Sharon Gu

AP Chemistry

09/13/2013

Golf Ball Experiment Introduction

The purpose of this "Golf Ball" experiment is to measure the density of the golf ball using the formula

$$D= m/v$$

D is the density in g/mL, m is the mass in g (grams), and v is the volume in mL (milliliter).

To get density, the mass and volume of golf ball is needed. The equipment used for the mass measurement is an electronic balance to the hundredth place.

The method for measuring the volume is water displacement. The formula is

$$\Delta V_{\text{water}} = V_{\text{GB}} = V_{\text{final}} - V_{\text{initial}}$$

Another way to measure the volume is using the caliper to measure its diameter, and calculate the volume using

$$V = 4/3\pi r^3$$

This experiment also has errors. The different size beakers with varied smallest units can affect the final result. Also, the accuracy of the balance can give different numbers of significant figures. The caliper method only calculates the volume of a perfect sphere, but golf ball has dimples on it. The uncertainties from each measurement can really be an impact on the final density.

Group 1	Mass (g)	V_{initial} (mL)	V_{final} (mL)	V_{GB} (cm³, mL)	Density (g/mL)
Ball 2	45.81	780	750	30	1.5
Ball 3	45.88	780	750	30	1.5

Calculation

Ball♯2
$V = \Delta V_{\text{water}} = V_{\text{final}} - V_{\text{initial}} = 780\text{mL} - 750\text{mL} = 30\text{mL}$
$D_2 = m/v = 45.81\text{g}/30\text{mL} = 1.5\text{g/mL}$

Ball♯3
$V = \Delta V_{\text{water}} = V_{\text{final}} - V_{\text{initial}} = 780\text{mL} - 750\text{mL} = 30\text{mL}$
$D_3 = m/v = 45.88\text{g}/30\text{mL} = 1.5\text{g/mL}$

Class Data

Group#	Ball#	Mass (g)	Volume (cm³, mL)	Density (g/mL)
1	2	45.81	30	1.5
	3	45.88	30	1.5
2	9	45.704	40	1.1
	11	45.705	41	1.1
3	13	45.81	39.6	1.15
	6	45.73	39.3	1.17
4	1	45.73	45	1.02
	5	45.85	43	1.07
5	4	45.748	37.5	1.27
	10	47.690	38.5	1.24
6	12	45.72	39.6	1.15
	14	45.77	40.5	1.13
7	7	45.91	40	1.1
	8	45.86	40	1.1
Average 1		1.2		
Average 2		45.92	38.86	1.182
Sd				0.15

Propagation of Error (maximum expected uncertainty)

Equipments

4000mL beaker: uncertainty $\Delta V = 25$mL

Hundredth place balance: uncertainty $\Delta m = 0.02$g

Ball #2

$\Delta D/D = \Delta m/m + \Delta V/V = 0.02/45.81 + 25/30 = 0.8$

$D_2 = m/v = 45.81\text{g}/30\text{mL} = 1.5\text{g/mL}$

$\Delta D = \Delta D \times D_2 = 0.8 \times 1.5 = 1.2$

$D = 1.5\text{g/mL} + 1.2$

Ball #3

$\Delta D/D = \Delta m/m + \Delta V/V = 0.02/45.88 + 25/30 = 0.8$

$D_3 = m/v = 45.88\text{g}/30\text{mL} = 1.5\text{g/mL}$

$\Delta D = \Delta D \times D_3 = 0.8 \times 1.5 = 1.2$

$D = 1.5\text{g/mL} + 1.2$

The density of a golf ball is around 1.15g/mL, so the results are in the maxmum expected uncertainties.

Conclusion

In this experiment, the density of golf ball is calculated using different methods. The MEU calculation shows that most of the uncertainties come from volume. And the varied results from class data suggest that water displacement method is not as accurate as the caliper method for measuring the volume of a golf ball; even the cylinder is to 1 milliliter. Water displacement works with 3 golf balls, which can give more significant figure in the volume.

It is important to choose equipments and methods before the experiment. For example, the 4000mL in Group 1 should not be used for this experiment.

高尔夫球实验简介

这个"高尔夫球"实验的目的是使用公式 $D = m/v$ 测量高尔夫球的密

度，D 是密度，以 g/mL 计；m 是质量，以克（g）计；v 是体积，以毫升（mL）计。

想要获得高尔夫球的密度，需要知道其质量和体积。测量质量用的是精确到百位的电子天平，测量体积的方法是用水来置换。计算公式为

$$\Delta V_{water} = V_{GB} = V_{final} - V_{initial}$$

测量体积的另一种方法是用游标卡尺来测量球的直径，使用公式 $V = 4/3\pi r^3$ 来计算体积。

当然，实验也会有误差。烧杯大小的不同和最小刻度单位的不同都会影响到最终结果。同样，天平的准确性也可以给出不同的读数。卡尺测量的方法适用于完美的球体，但是高尔夫球表面带有凹陷。每种测量方式的不确定因素都会影响到最终密度的确定。

组 1	质量（g）	初测体积（mL）	最终体积（mL）	V_{GB}（cm³，mL）	密度（g/mL）
球 2	45.81	780	750	30.	1.5
球 3	45.88	780	750	30.	1.5

计算

球 ♯2

$V = \Delta V_{water} = V_{final} - V_{initial} = 780\text{mL} - 750\text{mL} = 30\text{mL}$

$D_2 = m/v = 45.81\text{g}/30\text{mL} = 1.5\text{g/mL}$

球 ♯3

$V = \Delta V_{water} = V_{final} - V_{initial} = 780\text{mL} - 750\text{mL} = 30\text{mL}$

$D_3 = m/v = 45.88\text{g}/30\text{mL} = 1.5\text{g/mL}$

数据

组 ♯	球 ♯	质量（g）	体积（cm³，mL）	密度（g/mL）
1	2	45.81	30	1.5
	3	45.88	30	1.5
2	9	45.704	40	1.1
	11	45.705	41	1.1
3	13	45.81	39.6	1.15
	6	45.73	39.3	1.17
4	1	45.73	45	1.02
	5	45.85	43	1.07
5	4	45.748	37.5	1.27

续前表

组#	球#	质量（g）	体积（cm³，mL）	密度（g/mL）
	10	47.690	38.5	1.24
6	12	45.72	39.6	1.15
	14	45.77	40.5	1.13
7	7	45.91	40	1.1
	8	45.86	40	1.1
平均值 1		1.2		
平均值 2		45.92	38.86	1.182
标准差				0.15

最大误差

设备

4000mL 烧杯：不确定性 $\Delta V = 25$ 毫升

百位天平：不确定性 $\Delta m = 0.02$ 克

球 #2

$\Delta D/D = \Delta m/m + \Delta V/V = 0.02/45.81 + 25/30 = 0.8$

$D_2 = m/v = 45.81g/30mL = 1.5g/mL$

$\Delta D = \Delta D \times D_2 = 0.8 \times 1.5 = 1.2$

$D = 1.5g/mL + 1.2$

球 #3

$\Delta D/D = \Delta m/m + \Delta V/V = 0.02/45.88 + 25/30 = 0.8$

$D_3 = m/v = 45.88g/30mL = 1.5g/mL$

$\Delta D = \Delta D \times D_3 = 0.8 \times 1.5 = 1.2$

$D = 1.5g/mL + 1.2$

高尔夫球的密度大约是 1.15g/mL，所以结果在最大误差范围内。

结论

在该实验中，用不同的方法对高尔夫球的密度进行计算。MEU 计算表明，大多数不确定性来自体积。各种类数据的结果表明，水置换法没有游标卡尺法测量得准确，游标卡尺的最小刻度值为 1 毫米。用水置换法测量 3 个球的排水量得出的数据更有效。

在实验之前选择测量设备和方法十分重要。例如，第一组中的 4000ml 烧杯就不该在本实验中使用。

（译者：王训建）

第五节　丰富多彩 的体育

美国《大西洋》月刊一项问卷调查发现，大约 200 名曾在美国高中学习的交流生中，90％认同美国学生比自己国家的同龄人更关注体育运动。

从小学到社区俱乐部再到高中、大学的联赛，运动几乎是每位美国学生生活的重要组成部分。这种浓烈的运动氛围，让多数学生都拥有自己擅长的运动技能，当他们参加比赛时，家长也会特别重视与支持，会一起去现场观看比赛。

一、学什么?

在美国，对体育课教学没有全国统一的要求，教学大纲都是由各州自行制订的。高中的体育课算学分，计入GPA。学校里有各种体育队，比如游泳、高尔夫、网球、越野、田径等，训练时间是下午放学后，训练时长由体育项目决定，学生可以自愿、凭个人兴趣选择参加。还有很多竞技体育队，如橄榄球、篮球、排球、游泳、柔道、搏击、棒球等，可以参加校际联赛，如果你很厉害，能当上校队主力的话，那么在申请大学时还会占有一定优势。

二、怎么上?

在美国高中，每次上体育课都要换上专业的运动服，并且男生、女生是分开上课的。当然，女孩子也可以选择不上游泳课，而是和男孩们一起打篮球。

花样繁多的体育课，学生们上得很投入，尽兴之余受伤不可避免，但是对于这些运动狂人来说，拄拐、打石膏是很平常的事。学校也不用为此担忧，因为除了社会保险外，美国政府还有专项资金。如果这种情况发生在中国的话，恐怕只能采取减少学生活动量这个方法了。

美国高中生的体育运动，占据了大部分课余时间。他们的体育锻炼非常正规、严格，并且都是配合各个赛季的比赛有计划地进行。

中国体育课多注重技能训练，内容比较死板，而美国的体育课则鼓励学生自主运动、享受运动乐趣。比起学习成绩，他们更在乎谁是校队主力，谁是篮球队、足球队队长。

第六节 高年级 成绩报告单

本节选取美国某私立高中 11 年级成绩报告单，供读者了解美国高中成绩报告的形式、内容。

Student: □□□	Grade: 11	Advisor: □□□
Course: British Literature (H)		Instructor: □□□
Exam Grade: 87	Semester Grade: 81	Year Grade: 81

Much of this quarter's work centered around the writing of term papers from the first set of note cards through the rough draft and final copy. In addition, we studied Conrad's *Heart of Darkness,* a class favorite, and dipped our toes into Joyce's *A Portrait of the Artist as a Young Man.* The course culminated in an exam which included quotation identification, vocabulary, a short essay analyzing passages of poetry or prose that were printed in the exam package and a long essay which asked students to consider the ramifications of colonialism and patriarchal attitudes in two of our texts.

□□□'s exam featured some of her finest work of the course, a testament to her hard work. For the first time all semester, she aced the vocabulary section and her quotation identifications were exactly right. She had prepared thoroughly for her short essay on Keats' *Ode on a Grecian Urn* and Shelley's *Ozymandias,* and did a fine job discussing how these works reflect on art and time. Her major essay was more problematic because she ran into issues with clarity of expression that were much less pervasive in her shorter piece, perhaps because she had not fully come to grips with the essay prompt itself and so had a less specific focus. □□□'s term paper on *Tess of the D'Urbevilles* was a brave undertaking and she studied the text well, in terms of comprehension. As in the exam it was harder for her to sustain an extended argument with sufficient textual substantiation and clarity to really do herself justice. □□□ has definitely made progress this semester, and I have thoroughly enjoyed working with her. I encourage her to persevere in mastering verb tenses, the use of definite and indefinite articles, and the college level vocabulary required for success on the SAT.

Course: U.S. History Honors		Instructor: □□□
Exam Grade: 88	Semester Grade: 88	Year Grade:

During the second quarter of U.S. History Honors, students immersed themselves in the War of 1812, Andrew Jackson's presidency, and the effects of Jacksonian Democracy on the United States. The class also studied the effects of the Lincoln-Douglas debates and the prelude to Civil War.

□□□ is a pleasure to have in U.S. History Honors this year. She is a polite young woman who is becoming more comfortable expressing herself in English. □□□ is always prepared for class and is interested in learning about history. She offers insightful vision as she shares with the class what was taking place in China during the time period that the class was studying.

For our major assessment this quarter, students were given an opportunity to write a thesis paper. □□□ chose to write about Benjamin Franklin. She crafted a very thorough outline that earned her a grade of 95. □□□ used this outline as a platform and crafted a fine thesis paper using scholarly research and earned a grade of 93. □□□ also conquered the use of in text citations, which is an important skill that she will utilize as she furthers her education.

As we enter the third quarter, the class will delve into the Civil War Reconstruction of the Union and Teddy Roosevelt and the dawn of a new century.

Course: P-Calculus (H)		Instructor: □□□
Exam Grade: 91	Semester Grade: 96	Year Grade: 96

During this quarter we have finished our study of Trigonometry with the emphasis on identities and solving trigonometric equations. We then looked at polar coordinates and polar form of complex numbers. Using DeMoivre's theorem, we learned to raise complex numbers to high powers and to find roots of complex numbers. We ended the quarter with a review of various types of equations that had been studied in Algebra 2, as well as parametric equations and graphs.

I think that □□□'s goal is to get perfect scores on all of her tests and quizzes. Her results while not quite that high, are consistently excellent. She is always well prepared for class, as reflected in her superb quiz average. □□□ is always involved in class discussion whether it is in explaining homework or proposing a non-routine method of solving a problem. She is eager to learn new ideas. She possesses a fine analytical mind which helps her to understand complex ideas easily, a skill which will be very useful to her in the Calculus. She ended the semester by writing one of the best exams in the class. Well done, □□□! I am very pleased with the progress you are making.

Course: Physics (H)		Instructor: □□□
Exam Grade: 92	Semester Grade: 97	Year Grade:

Physics finished mechanics this quarter, including applying the principles of conservation of momentum and energy to many situations. We studied electrostatics, including point charges and parallel plates. We finished with series and parallel electric circuits. Students took three tests: a full-period test on gravity, a two-day review test on mechanics (known as the big quiz,) and a full-period test on electricity.

□□□ did a superior job in honors physics this quarter and earned A's on all of her tests. Her first test, which covered energy and her last test, which covered electrostatics, were the best in the class. Her A on her Big Quiz shows how thoroughly she mastered all of our topics except momentum. Her homework record was good in that she had it done 22 out of the 24 times I inspected it. On 11/12, she did an especially nice job on a homework problem by using a ruler to complete a graph grid. Her daily quiz average was perfect in that she scored 30 out of 30 points on her 15 best. She completed her lab work and it was among the best in the class. She completed a lot extra credit review problems both to deepen her understanding and to boost up her grade. She wrote an excellent exam again demonstrating how deeply she understands our material. Her only problem is "Testwomanship." For example on her Big Quiz, she did not see the last five multiple choice questions. For another example she was asked for the current and the voltage on her 1/13 DQ, but she did not give the voltage. So to earn an even higher grade, she needs to look over each test and each question to be sure that she

is solving every problem and answering every question.
(For the record, quarter absences=3; YTD =3)

Course: AP Chemistry Instructor: □□□
Exam Grade: 90   **Semester Grade: 91**   **Year Grade:**

We have now completed the second third of our curriculum. The topics got somewhat tougher this quarter and more rigor was expected, so a slight grade decrease (-2~3 points) is not unexpected. The students' mid-term exam scores are good indicators of their mastery of the material and are a reasonable predictor of success in the May AP exam. So, my estimate of how the mid-term performance translates to a projected AP score can be given to the students if they desire. Of course this cannot be taken as an exact number, so rather than picking a number between 1 and 5, I give a range. A principal issue for success in the latter has been the students' ability to express their explanations of chemical events in specific, cogent language—something that we work on in lab reports.

A few weeks into the 4th Quarter we will pretty much get to the end of our textbook. Then in the third week of April, in addition to several year-ending labs, we begin an intensive review of the entire AP curriculum. In addition to our five daily meetings, there are voluntary twice a week after school review sessions to prepare for the AP Exam on Monday May 5th. What this all means is that there is lots of time for students to work on shoring up their strengths and to address any weaknesses, but it cannot wait until the fourth quarter. Based on weaknesses evident on the midterm exam I have indicated some specific remedies.

The overall numbers for each successive Quarter is shown above your student's comment:

Quarter Grade - Quiz Avg - Lab Avg - Writing Avg
An asterisk indicates area where extra effort is required. An exclamation point indicates outstanding work or noteworthy improvement.

91 91! 90! 96
89 88 92! 88

□□□ continued her excellent work in all aspects of AP Chemistry into the second quarter. I also want to add a special recognition of her continued improvement in preparing lab reports as this is a skill that will serve her well in all of her academic pursuits both at Hamden Hall, in college, and beyond.

I am also pleased that □□□ has expressed a desire to do an independent project in the Innovation Program. Now that she has identified a project, I am hoping she can find the time to carry out the experiments.

□□□ should be very pleased with the excellent work she did on the mid-term exam as her consistent year long effort is paying dividends!

Course: Chamber Orchestra Instructor: □□□
Exam Grade: **Semester Grade: 100**   **Year Grade:**

The chamber orchestra offers instrumental music students the opportunity to interact in an ensemble setting. Various types of music are explored and performed. A typical concert may include music from several different genres. Classical, jazz, patriotic, new age, world music, and the music of stage and screen have been well represented in our past performances. The ability to read music is a mandatory requirement.

I am very fortunate to have □□□ in our school orchestra. She is an outstanding flute player and a very

---

dedicated student. As a testament to her versatility □□□ is also a member of our jazz ensemble. She is a very personable young lady who is a joy to work with. I can't imagine our Upper School music program without □□□ as a participant.

Course: Jazz Ensemble		Instructor: □□□
Exam Grade:	Semester Grade: 100	Year Grade:

The jazz ensemble is being offered to those students who have a special interest in learning to play this original American art form. Our repertoire will include compositions from the masters of jazz throughout the decades. In addition, the study of chords and related scales will be provided to encourage the musicians to create their own improvised solos. Special emphasis will be placed on the study and performance of Latin influenced jazz.

I am impressed by how quickly □□□ has assimilated jazz phrasing into her musical vocabulary. She always plays her parts with the rhythmic feel and inflection of a seasoned jazz veteran. She is a delightful and charming young lady, and she is indispensable to the success of our instrumental music program.

第三篇

人格培养在课外

第一章　融入社会
胜在细节

第一节　服装

　　着装是生活礼仪中重要的一环。相比国内学校统一着装的要求，新的环境着装可能要复杂和讲究得多。不同学校对于着装有着不同的要求，通过着装要求（Dress Code）告知家长与学生并依此进行管理，各校执行上宽严不一。有的会因为学生穿人字拖上学给予警告，有的则睁一只眼闭一只眼。开学之前，学生和家长需要花时间了解学校的着装要求，体会其中要义，并按照要求准备服装，不要因为着装这种小事与学校产生矛盾。

　　下面示例的是著名的寄宿学校塔夫特学校（Taft School）关于着装方面的要求①，我们将原文与摘要翻译同时呈献给读者。

Class Dress　　　　　　　　　　　　　　**课堂装**

The faculty at Taft believe that the　　　　　　塔夫特的老师认为，学习是一

①　资料来源：《塔夫特学校学生手册》

academic day is a time for serious learning, and befitting this, the dress code requires students to be in class dress. Class dress must be worn in all public areas of the school until the end of the class day. As spectators and/or competitors visiting other schools, Taft students must also be in class dress. Students inappropriately dressed for school will be asked to change their dress, and conduct grades will be assigned.

Class Dress for Girls

Girls should wear dresses, slacks or skirts with blouses that are more formal than the standard T-shirt. Halters, backless, and off-the-shoulder fashions are not permitted. Midriffs may not be exposed, and necklines should be modest. Blouses designed to be worn outside of slacks or skirts are acceptable. Sleeveless blouses or dresses must have straps two inches or more in width, and all skirts must be of a length at least two inches below the fingertips. Students are not permitted to wear sweatshirts during the class day.

件严肃认真的事情。为此，"着装要求"就要求同学们在上课期间穿着课堂装。在学校的所有公共区域都需要穿着课堂装，直到当天上课时间结束。参观其他学校或参加比赛时也需穿课堂装。在校上课时穿着不当会被要求更换服装，日常品行的成绩会受到影响。

女生课堂装

女生应当穿裙子、休闲裤和女式衬衫，少穿普通的 T 恤衫。裹头、露背和露肩服饰都是不允许的。肚脐不得暴露在外，领口不能过低。休闲裤或裙子外面套上装是可以接受的。无袖上衣或长裙肩带带宽必须两英寸以上，所有裙子的长度必须达到指尖以下两英寸。在校上课期间不得穿运动衫。服装不应该透明或过于紧贴。在学年的开始到感恩节期间以及春假开学之后，鞋子风格任选，包括运动鞋或凉鞋，但是不能是拖鞋。出于健康考虑，从感恩节到春假期间，必须穿皮鞋或运动鞋，不可以穿凉鞋、拖鞋、人字拖和其他形式的露趾

Clothing should not be diaphanous or excessively clingy. Shoes may be of any style, including sneakers or sandals, except for shower shoes or bedroom slippers, between the start of the year and Thanksgiving vacation and after spring vacation. For health reasons from after Thanksgiving until after spring vacation, shoes or sneakers must be worn; sandals, flip-flops, shower clogs and other forms of open-toed footwear will not be permitted. After Long Weekend in the spring, shorts may be worn during the class day. Shorts must be of a length at least two inches below the fingertips.

鞋。在春季长周末后，可以穿短裤上课。短裤长度必须至少到指尖以下两英寸处。

Formal Dress for Girls

Formal dress is required for sit-down dinners and other special events. Formal dress follows the same guidelines as those above, but in addition, girls are required to wear dress slacks, skirts or dresses as well as dress shoes or dress sandals.

女生正装

正式晚宴和其他特别活动时需要穿正装。正装的规定与上述规定一样。但除此之外，女孩被要求穿正装裤、裙或礼服以及礼服鞋。

Class Dress for Boys

Boys should wear collared shirts,

男生课堂装

男生要穿保养较好的有领衬衫

trousers in good condition, and shoes with the same seasonal restrictions as specified in the girls' section above. Button-down shirts should always be tucked in. Wearing only a sweater or wearing a sweater over a shirt does not eliminate the requirement to wear a collared shirt. Shirts must be worn in all public areas of the school. Students are not permitted to wear sweatshirts during the class day. After Long Weekend in the spring, Bermuda shorts may be worn during the class day. Facial hair may not be grown at school. Students who return from vacation with moustaches or beards must keep these additions well groomed throughout the term.

Formal Dress for Boys
Formal dress requires a suit coat or sports coat, collared shirt and tie, dress trousers, socks and dress shoes.

Informal Dress
After the end of the class day and on Sundays students may dress in a more casual fashion. Informal

和长裤，鞋子必须按照季节搭配，就像女生着装规定里面的要求一样。衬衫的纽扣必须扣好。单穿一件毛衣或者是衬衫外穿毛衣也要遵守上述要求。在校期间都必须穿衬衫，不允许穿运动衫。在春季长周末后，可以穿百慕大短裤上课。在校期间不得留胡须。假期蓄须的学生在开学以后必须遵守这一规定。

男生正装
　　需着西装或猎装、有领衬衫和领带，并穿着长裤、袜子和正装鞋。

便装
　　非在校期间或者在周日，学生可以穿得更休闲时尚一点儿。但便服必须保持整洁。穿着运动服、氨

dress must be clean, in good repair, and dry. Athletic uniforms, spandex, tank tops and sweat clothes are not permitted at meals in the dining halls.

纶、背心和湿衣服是不允许进入食堂餐厅的。

Notes for All

All clothing should be in good condition. Patched clothing, denim clothing of any kind or color, overalls, army fatigue or camouflage clothing, shorts, sweat pants, or T-shirts are not permitted for class dress. Hats, headscarves and "do-rags" may not be worn indoors in public areas of the school at any time when class dress or formal dress is required of students. Hats are never to be worn in the dining halls. With exception of ear piercing, facial or body piercing of any kind is not permitted. Tongue studs are prohibited. Class dress is not required during final examination weeks, although students taking College Board and AP exams should be in class dress.

所有学生的注意事项

所有衣服都必须保持良好的状况。任何种类或颜色的牛仔服、工作服、迷彩服、短裤、运动裤、T恤类服饰，只要打过补丁的，皆不得作为课堂装穿着。当要求学生穿着课堂装或者正装的时候，在室内公共区域，任何时间都不得戴帽子、头巾和毛巾。餐厅里面不允许戴帽子。除了耳洞，不允许面部或身体上有任何形式的穿孔，也不允许戴舌钉。参加大学委员会和AP考试的时候应着课堂装，但是在最后几周的考试时间里不要求学生穿课堂装。

第二节 饮食

　　寄宿学校为在读学生提供饮食。丰富的饮食经常是一些学校吸引学生的噱头，让我们看看国内广为传颂的一些牛校的饮食情况吧。

　　菲利普艾斯特中学（Phillips Exeter Academy）是一所位于新罕布什尔州埃克塞特市的私立寄宿制高中，也是全美国最好的私立寄宿高中之一，学生和教师来自世界各地。菲利普艾斯特餐饮服务是学校生活的焦点，菜单随季节变化而变化，服务也兼顾了来自不同国家和地区、不同文化背景的学生。

（图片来源于 Phillips Exeter Academy 网站）

　　格里诺贵族中学（Noble and Greenough School）是一所男女混合制贵族中学。学校拥有 187 英亩的校园面积，位于新英格兰地区东北部的马萨诸塞州，距离波士顿只有 10 英里的距离。校园的饮食主题丰富，经常根据季节调整，注重健康。

（图片来源于 Noble and Greenough School 网站）

住在寄宿家庭的同学，在学校吃自助午餐，虽然各学校的饮食不一定都像上面的图片那么诱人，但是在适合学生口味方面问题都不大。其余两餐饮食会由寄宿家庭准备。

美国是个多元化的社会，移民家庭众多。就是在非常传统的新英格兰地区，也有可能到拉丁裔或亚裔家庭寄宿。留学生在寄宿家庭可以了解不同的饮食文化。比如各个族裔都有自己传统的食材，相同的食材也有自己独特的烹饪方式；各族裔有自己的传统节日，要根据节日主题准备食物。留学生有机会受邀参加不同的节日聚餐，当然也需要准备应景的礼物。就餐礼仪也各有讲究，入乡随俗，同学们要尊重寄宿家庭的文化和礼仪。应该指出的是，从饮食文化来讲，没有优劣之分，同学们要抱着开放的心态品尝不同民族的美食，体会不同地域的文化，了解不同背景的人群，这样才能成为有全球视野和包容心胸的人才。

除了学校和寄宿家庭的饮食之外，如果真的需要解决"中国胃"问题，在稍具规模的城市或者小镇，一般会有中餐馆或者其他亚洲餐馆。在大陆学生比较聚集的加州、波士顿等地，中餐的需求都可以得到满足。

总之，对家长和学生而言，吃的问题倒也不用太担心。

第三节　住宿

一、寄宿家庭

选择寄宿家庭是家长的一件大事，刚开始学生往往参与不多。一般情况下，寄宿家庭都经过了比较严格的挑选和审核，学校或留学中介在审核时需要了解家庭环境、家庭经济状况和有无犯罪记录等相关材料。通过审核的家庭一般都愿意将一部分时间和精力花在留学生身上。在这里我们分享几个家长的经验：

初选的时候尽可能多看几家。无论是留学中介、学校还是其他亲朋好友，他们一般会介绍1~2家供选择。不过有的时候中介和学校可能具有一定的倾向性，也就是说按照他们认为妥当的方案安排好了。在这种情况下国内家长需要认真分辨，有的合适，有的不一定合适，不合适坚决不要凑合。不要拘于面子，不好意思坚持自己的权利，凑合的结果往往是孩子和寄宿家庭都不满意。本书的一位作者，为了给孩子选学校，选住家，在美辗转了几个月，考察了从西部到东部几个城市。在找住家的时候，坚持要住西方人家庭，与学校和中介反复沟通，最终说服学校安排了一位老师的家庭接待，并且使用学校的房舍。这个房舍后来成为学校的国际学生宿舍。

期望值不要太高。寄宿家庭一般的责任是管生活，其实生活能够管好已经不错了。国内的家长往往期望寄宿家长像自己一样，无微不至地关怀生活、学习、交友、成长等各种细节，这样的家庭确实太难找。中美文化本身有差异，即便是在美的华人家庭也受到美国文化的影响，更愿意尊重孩子的隐私，希望以朋友的形式相处，所以，国内家长期望的中国式家长确实不太好找。留学生自己也同样要调整预期。其实，学生们在国内和自己家长相处时也会有矛盾，主要是因为管得太多了、太细了。出来以后发现自己在新的家庭优先级不是最高的了，心态难免失衡。其实这是一个难得的机会。由于计划生育政策，多数留学生都是独生子女，没有与兄弟姐妹相处的经验；到了寄宿家庭，反而会多出一个或几个朝夕相处的"兄弟姐妹"。别看现在打打闹闹，有点儿小摩擦，长大以后才能体会到一起成长的兄弟姐妹是多么的宝贵，这种 family 的感情需要到一定的年岁才能理解。

要相互理解，处理好关系。华人也好，西方人也好，都是有血有肉的人。青春期的孩子不好管、不好处，寄宿家长其实付出了很多心血。国内的家长需要设身处地地为寄宿家庭着想，长存感恩之心，在寄宿家长与孩子之间传递相互赞美的信息，让双方心里都暖暖的，营造出一个好的寄宿家庭氛围。寄宿的学生也要趁这个机会好好培养自己的生活能力：尊重寄宿家长，遵守家庭习惯，与寄宿家庭的成员交朋友，适当做些家务，为自己创造出一个好的学习生活环境。

换寄宿家庭的情况并不鲜见，原因很多。有的是因为国内家长认为寄宿家庭环境不好，有的是因为孩子与寄宿家长之间有矛盾，有的就是为了换个环境。说起矛盾来，更是五花八门：饮食习惯、作息时间、生活小节等，都可能引发矛盾。处理好了化干戈为玉帛，处理不好火上浇油更加麻烦。有个留学生寄宿于西方人家庭，这个家庭生活习惯比较节俭，所以每天晚上 11 点熄灯休息。可是中国孩子喜欢熬夜，所以寄宿家长就提出了用电要节省的问题，其实也是从一个侧面提醒少熬夜。这个中国家长和留学生就处理得很好，慢慢地孩子就不熬夜了。

对于留学生而言，处理好与寄宿家庭的关系是成长的一部分。他们要学习如何与自己家庭以外的成人和孩子朝夕相处，如何结成朋友和家庭的关系；他们也要自己作出判断，在与寄宿家庭有不同意见的情况下，是提出意见还是忍让，还是进一步向家里或者学校反映问题。有的留学生通过向学校反映问题，为自己更换了寄宿家庭，争取到了更好的学习和生活条件，这本身就是一个很大的进步，国内的家长要为他们一步一步走向独立而鼓掌喝彩。

二、寄宿学校的宿舍

不同的寄宿学校的宿舍有其独特的风格，分为军事寄宿学校、全寄宿制学校和半寄宿制学校，半寄宿制学校又可细分为 5 天、7 天、男女混合寄宿、男子寄宿、女子寄宿、艺术专业和宗教背景等多种性质的寄宿。虽然各寄宿学校宿舍的风格有所不同，但一般都设有单人间、双人间和三人间（少数学校设三人间），室内一般有床和桌子等，较少的学校设有独立厨房和卫生间，大部分学校都是 2～8 人使用的公共卫生间。

不论属于何种寄宿学校，安全都是其管理部门需要考虑的首要因素。一般的寄宿学校管理都比较严格，多为 24 小时封闭管理，正常在校上课时间严禁外出，当然也会有集体外出购物等方面的安排。学生在校期间白天大都在上课，穿行于各建筑之间，晚上回到宿舍则由各楼的舍监（Dorm Parent）负责管理。这种管理方式使得学生在校外停留的机会和时间都非常少，从而减少和社会不良人员接触的风险，也基本上避免了交通安全问题。当然从另一方面来讲，这样使得留学生接触当地文化的机会就相应减少了。

对于融入学习而言，住在寄宿学校相比住在寄宿家庭更有优势。在寄宿学校，有更多的时间来和老师、同学们交流，对于留学生与同学建立朋友关系十分有利。

讨论了走读与寄宿学校，事实上，转学的事也时有发生。"美国是一个自由国家"，家长和学生都可以有更多的选择，最适合自己的选择就是最好的选择。

第四节　出行

出国留学行前一定要做好四点准备，以防抵达目的地后出现特殊情况，给自己带来不便。

第一，提前安排好住宿。

在出国前要预订好住的地方。而且必须在入境前给予充分落实。无论是学校的宿舍，还是寄宿家庭，都需要事先确认好。

第二，提前联络接机人员。

在出国前要安排好接机服务，有的学校会安排有关人员到指定机场接机。寄宿家庭一般会派人接机，等到达目的地后要和接机人员联系。在出发前也应该记好接机人员的联系方式，发生突发事件时，可以保持联系。

在美国，接机服务可分为收费接机和免费接机两种。

收费接机服务。当你被美国学校录取后，一大堆材料会寄到你手中，其中有一张纸就是询问你是否需要接机服务。有的学校会要求你填写表格，详细列出航班号、到达日期和时间；有的就给你个电话、传真或E-mail地址，让你直接和有关部门联系。接机价格根据当地的情况而定，从十几美元到几十美元不等。

免费的接机服务。免费服务大多由一些学生社团提供，而且往往不止一家。美国的学校社团非常活跃，对新来的学生更是关照有加。除了兄弟会、姐妹会之类的组织，还有各种名目的俱乐部，都会乐意为新生提供接机服务。如果你觉得初到异国他乡就要马上面对一些洋面孔不适应，你还可求助于当地的中国学长。

当然，所有这些都需要你事先联系好。怎样才能和他们联系上呢？最好的办法就是到学校的网站上寻找，一般来说，你会在那儿找到你需要的所有信息。如果运气好的话，还有一类人能为你提供帮助，那就是当地的美国居民。有些美国人对中国怀有美好感情，他们往往非常愿意帮助新来的中国留学生。不但亲自开车到机场接你，把你送到学校，还会帮助人生地不熟的你安排住宿，给予多方关照。

第三，安全意识。

对于初到异乡的留学生来说，平安最重要。在抵达异国后，要尽快熟悉周围环境，应该主动向校方索阅相关的安全咨询手册、紧急联络电话号码等。除了防患于未然，也有助于留学生的生活早日正常化。遇到紧急事故时，应当立刻与指导老师、国际学生办公室、同学会及中国驻外使馆联络。

第四，办理两个银行账户。

出国留学应该办理两个银行账户，一个是存款账户，另一个是小额取款账户。这样存取都很方便。由于各地情况不同，在这里要告诫学生，不要因为家庭背景或条件良好，就一直炫富，以免带来不必要的攀比之心与麻烦。出国留学期间一定要保持和家里人通信，给家人报平安。

到了美国，开始真正的留学生活后，你可以选择的出行工具会多种多样。

一般来说，乘飞机出行是比较便捷的选择。美国的航空业四通八达，比较方便，出租车、地铁或者机场快线都有基本配置，部分机场距离市区也仅 20 来分钟。在各个枢纽城市都有比较大型的国际机场，如纽约的 JFK、华盛顿西雅图的 SEA、洛杉矶的 LAX、旧金山的 SFO、波特兰的 PDX、休斯敦的 HOU、首都的 DCA、拉斯维加斯的 LAS 等，选择合适的机场只需要输入该机场三位字母代码即可在网站上查询所需航班信息。

美国的城市中心和机场附近出租车很多，招手即来。但在其他大部分地区，需要打电话叫出租车。出租车计价表一般都贴在车内，多以里程计费，小费则为车费的 10％～20％，或以行李件数计算，一般是 1 件行李 1 美元。地铁是现代城市最便利、最快捷、最廉价的交通工具。但美国有地铁的城市并不多，地铁四通八达的城市更不多。纽约是美国地铁最密集的城市，其次为芝加哥、华盛顿等城市。初到美国，选择在地铁附近住，对上学或生活都会便利不少。

美国绝大部分城市都有公共汽车，线路四通八达，车票也较低廉，一般在 1 美元至数美元。在每个汽车停靠站都贴有汽车路线和时间表。不过，与中国的公共汽车相比，美国坐公共汽车的人较少，每趟车之间的相隔时间也较长。在美国长途汽车也不算主要交通工具。不过，美国的长途汽车四通八达，而且价格便宜，往往比火车便宜一半。

有些美国学校在校区内以及附近地区提供免费的校车服务，或只收很少的车费。如果住在校内或学校附近，就可搭乘校车上学，方便又省钱。校车的路线与时间表在图书馆、学生中心和外籍学生办公室等处一般都可找到。

自己留学独身在外，出行要时刻注意安全。

出门最好结伴而行。同行的伙伴越多，被犯罪分子袭击的可能性就越低。因此白天出门时，尽量与朋友在一起，且尽量避免走人少僻静的地方。如果去观光，相机、摄影机最好放在背包里，不要一边走，一边看地图。晚上最好不要出门，如果不得不出去，也最好找人与你同行，走行人多且照明充足的街道。如果初次前往某地，应事先了解该地的状况。如果在校园里，则可充分利用学校所提供的安全设施，如校车、校警护送（escort）。无论何时外出，应随身携带手机，如果感觉有人跟踪，应立即报警。出门前，要把出行信息告知老师或朋友。

在晚间回住处时，应在到达前就准备好钥匙，用最短的时间开门进屋，并随时注意是否有人跟踪或藏匿在住所附近的角落。如果有可疑现象，切勿进屋，赶快通知警方。另外，如果与人合租房屋，必须协商好不要把钥匙随意交给其他朋友。

一旦遭遇危险，要沉着冷静，及时寻求援助。如果罪犯只是为了抢劫财物，可以先交出钱财，避免导致暴力行为，尽量记住罪犯的特征，等安全时再报警，并详细描述罪犯的特点。如有生命危险，则应尽力反抗和呼叫。另外，平时应了解学校的紧急联系电话和联系人、居住地附近的报警电话号码以及当地中国使领馆的电话号码等，并将它们随身携带。如果遇到危险，可以及时取得联系，寻求帮助。

第二章　拥抱朋友

第一节　结识新朋友

高中是人生中最美好的阶段，除了知识，还有友情、爱情、梦想在滋养着正在发育成长的青少年。留学生们没有忘记构建和维护自己的人际关系网络。与国内老同学不能断了联系，还要尽快与新朋友交往。不夸张地说，学生花在社交网络上的时间每天有两个小时，不停地刷新 facebook、twitter、人人网、新浪微博、微信、QQ 群、百度贴吧等。

一、新的朋友

记得李开复在传记中曾经提到，他在美国最好的朋友是在中学时期参加夏令营的时候结交的，后来这些朋友成了他一生的挚友。就在他面临与微软的诉讼，处于人生最低谷的时候，其中一位主动提出做他品德方面的证人。

李开复是 7 年级的时候到美国的，住在自己的大哥家里。那么现在这些高中赴美的同学，将要面临怎样的人际关系和朋友圈子？他们应当如何建立好这些人际关系，为自己积累下一生的朋友呢？

在自由选课机制下，同学们根据自己的兴趣和学习规划选择一个学年的课程。同样一门课程又按照难度分为普通班和荣誉班，一个年级中可能英语课是一批同学，历史课又是另外一批同学了。在科学课、艺术课这样的课程中，一个课程班还有来自不同年级的学生。说起来同学接触面还是挺广泛的。但是，就像青春美剧里面体现的，美国社会相对稳定，很多孩子从小一起长大，自己的小圈子已经形成，不太容易对外开放，接受新的成员加入。中国学生往往更专注学习，不太热衷或者胆怯于参加社交活动，所以，很快与当地人交往成为密友的可能性不大。当同是来自中国的留学生相遇时，没有文化、语言的障碍，自然更亲切，往往最初交往的会自动结成密友。这一点从美国中学、大学午餐桌上就能看出来，通常是海外学生坐在一起。

不过，除了与华裔留学生交朋友，确实要注意多与当地同学接触，尽可能与美国文化相融合，为未来储备人脉资源。美国是对多元文化最为包容的国度，中国学生通过努力还是可以得到朋友和社区的认可的，最重要的是克服自己心理上交往的障碍。在中国学生相对多的学校，中国学生圈甚至会对与本地学生相处好的学生有些排斥和议论。在这一点上，来自中国台湾地区、韩国等其他亚洲国家和地区的学生比中国内地的学生更为开放与开明一些，也值得中国内地留学生学习和借鉴。

高中的活动很多，篮球、排球、舞蹈等活动的校际比赛差不多每周都有。学校之间结成各种联盟，不一定局限在一个州，有时候跨州比赛，学生们要乘几个小时的车往返。除了体育比赛，学科竞赛也有，有城市的、州的、全国的，这也是青少年们交流的契机。有些社会组织也会组织一些慈善活动，如果参加也不失为交友的好机会。另外就是夏令营等活动，这些活动有的是报名交钱参加的，有的是需要经过选拔的，如果参加自己感兴趣的夏令营，留学生也许真的会在朝夕相处中结识一生的朋友。

二、老师

老师多数很随和，不仅在学习中是良师，有可能成为生活中的益友。在课堂上，如果学生有疑问或者有不同观点，可以随时提问。这些老师也秉承美国的教育理念，支持鼓励学生提出质疑，从不同角度看问题。（对于老师的随和以及这种独特的课堂气氛，在前文陆子琪的心得《美国见闻》中就有具体体现。）在他们的思维里，很多问题的答案不止一个，更不会是所谓的"标准答案"，所以经常能提出不同观点的、思维比较活跃的学生，往往会更容易受到老师的青睐，与老师之间的关系自然也容易增进。有的美国老师也会忌讳一些事情。比如，有的老师不喜欢学生直呼其名，那么最好就不要触及这一点。其实和老师的交流并不只限于课堂，经过预约也可以在课后向老师请教问题，进行更深入的交流讨论。有机会和老师一起吃饭，或者聊一些学习之外的其他话题，这种时候老师往往会把学生当作朋友来看待。随着交流的增加，友情的分量也会逐渐增加，这样的良师益友甚至在多年后也乐于为自己的学生提供帮助。

美国的学习生活自由度很高，所以学习与生活的好与差在很大程度上取决于留学生本身。只要留学生本人能够积极主动地融入美国的这个生活大课堂，就会更容易被美国接受，留学生涯自然就能够游刃有余。

第二节　惜别的毕业舞会

每当毕业季来临，美国各高中都会举办一个非常隆重的毕业舞会（prom）。这个舞会意味着高中时代的结束，就像是一场成人礼，一般要求学生男女结伴，盛装参加。舞会很正式，尤其是对于学生而言，这将是一段十分珍贵的回忆。舞会主要针对高三学生，高一或高二学生需要有高三学生邀请并与其结伴才可参加。

美国人非常重视高中的毕业舞会，往往几个月前就开始准备。这个舞会不同于昔日校园里的小舞会，会选择一个环境优美、格调高雅的地方举行。然后需要结合场地配以相应的灯光、音响以及一些装饰。舞会会有专门的主持，过程中可能还会安排有 Queen、King 的评选或者抽奖等精彩节目，同学们也会拍下照片来纪念这场意义非凡的舞会。

毕业舞会是个消费季，更是场成人礼。一般来说都是男生主动邀请女生（往往会是自己的女朋友，没有女朋友的会另邀他人）作为自己的舞伴，并准备一套与舞伴的晚礼服相搭配的西装。舞会之前，男生会不惜花钱租用一辆豪车去接自己的舞伴，选择一个高贵优雅的地方共进晚餐，晚餐之后一起前往毕业舞会。而女生除了要早早地开始挑选自己的晚礼服之外，还要做头发、化妆和佩戴首饰。男生的西装和他租用的豪车，女生的高贵礼服、化妆、首饰等，无疑带来了一个消费季。但是更重要的是，男生学会了绅士，女生也显得更成熟，不得不说这个过程与婚礼的筹备像极了，所以用成人礼来形容显得非常恰当。

然而对于学生而言，成人礼还包括那些被打破的束缚。对于许多学生来说，可能是毕业舞会时才有了自己的第一套正式的西装或晚礼服，或许许多男生是合租的房车，或许许多女生的晚礼服是几十美元租来的。但是更让他们印象深刻的可能是他们可以以成人的方式挽着舞伴、可以不用担心回家太晚、可以借此机会向喜欢的人表白等。

留学生们，请与美国当地的学生们打成一片。舞会之前，有个别学生会愁于舞伴的事情，他们或是不善交际的"书呆子"，或是不受大家欢迎的坏孩子。而对于中国的留学生而言，体育和交际是他们的弱项，从而形成亚裔留学生扎堆的现象。而前文中我们曾多次提到过，美国的教育十分重视能力的培养，老师和学生们都喜欢活泼好动的学生。所以作为留学生，千万不要扎堆，要融入美国的学生当中。这不单是为了顺利找到舞伴，培养社交能力，就是对以后大学的申请也会很有帮助。

第三章 社会实践

　　社会实践是学生能力培养的重要方面，也是大学录取时要考察的一个方面，留学生和家长对此都有认知。关于社会实践的安排，坊间有不少讨论。我们把关于社会活动的要点归纳如下：

　　第一，社会活动要设定目标，持之以恒。 常言道，"勿以善小而不为"，"不积跬步，无以至千里"。社会活动也一样。在物欲横流的今天，似乎一切活动都是出于功利的目的，由此，考查学生从事社会活动的目的非常重要。他们是为了凑简历而活动，还是真正为了发现社会问题并提出自己的解决方案而贡献自己的时间和精力？有的时候一些小小的善举，不仅可以丰富学生的社会经验，而且能够让他们体会到付出的快乐，完善自己的人格，发掘人性的光辉。当然，如果能够策划、组织和实施一项社会活动会更好，学生在整个过程中得到的锻炼和培养会更加完整和多样。

　　第二，为了申请理想的大学，必须积累社会活动的经验，并在申请的论文中有所提及。 有的申请信甚至直接以义工经历或者感受开始，阐述自己对社会的认识和愿意承担的责任。随着越来越多的亚裔留学生加入申请大军的行列，托福和SAT的卓越成绩已经远远不足以说服招生官，高分的学生太多了。要通过深思熟虑的社会活动安排，证明申请人具有社会责任感，具有领袖的潜质，是最优秀大学希望招募的学生。

第三，社会活动千万不要随大流。一到暑假的时候，很多边远地区会迎来一批又一批的支教团，毫无疑问，支教是一个很好的义工和社会实践的形式。但是，当招生官看到十几封申请信讲的都是到边远地区支教的故事，他们会怎么看？老人院、孤儿院等类似机构也是一样，一到暑期车水马龙，开学以后人去楼空。如果再看几张摆拍的照片，招生官可能对于做义工的动机和效果都要持怀疑的态度了。

无论国内还是国外，学生从事社会活动的机会很多。可以在学校参与社团活动，也可以在社区从事服务工作，还可以安排一些企业的实习。我们邀请了在美国读高中的张泽凡同学撰写了一篇在美国做义工的文章，他不仅在美参加和组织了社会活动，而且暑假在国内也安排了满满的社会活动。重视社会活动，往往来源于家长的支持和指导，所以我们也邀请了泽凡的妈妈对于泽凡的文章发表评论。

第一节　我在美国
做义工

我初中的时候就去了美国，经过两年的摸爬滚打终于升到了高中。在那两年里我先后在两个家庭里寄宿，因为我觉得寄宿家庭不只是提供给我们一个生活的地方，而且要带领我们去接触这个陌生的世界。我的第二个寄宿家庭为我提供了很多接触当地生活的机会，让我印象最深的一次活动是在圣诞节前夕去迎新灯展会门口卖门票。虽然这件事看起来不怎么轰轰烈烈，但是对我来说已经是一个挑战了。

刚放寒假没几天，寄宿家庭告诉我有个机会可以去圣诞灯展门口帮他们卖票。圣诞灯展是一个新英格兰地区的传统，在每个圣诞节前夕社区都会有这个活动，也需要许多义工。我没有马上答应他们，只是含含糊糊地说让我想想。

回到房间我心神不定，一会儿看看电脑，一会儿又望望窗外，心里想着：好不容易有两个礼拜的假期，我才不想去呢！我身处美国东海岸的北部，那里的纬度跟北京差不多，到了冬天平均每个礼拜一场大雪。灯展晚上才能开始，圣诞假期的夜晚外面肯定冷得不得了。再说，卖票不仅仅是收钱找钱，我还得跟一大群美国人介绍园区的大概情况，我退缩了。晚上，我暗自决定明天一早就跟他们说我不去了。

第二天早上，我心事重重地下了楼。早餐的时候，他们问起我做义工的事，然后接着就说："Mike，你应该想好要去了吧！"我一下子懵了，这打乱了我的计划，原本想婉转地告诉他们，我不想去做义工了。看到他们这么热心，我有点不好意思了，我嘴里"嗯……嗯……嗯……"地拖慢对话的节奏，脑子里"去"和"不去"打得不可开交，经过几秒钟的头脑发热，对着几双充满期待的眼睛，要面子的我说："那……那就去吧。"

吃完饭，我回到房间，看着窗外一望无际的白雪，马上后悔了。我在想：哎，我真是死要面子活受罪……这时一阵敲门声打破了我的思绪，接着传来的声音在我当时看来简直就是晴天霹雳一样："Mike，我已经帮你报名了！"悔改的机会都没有了，我倒在床上顿时感觉全身无力，我硬着头皮说了一声："谢谢……"

过了一会儿，我爬了起来，摸到了倒下去的时候掉落的眼镜，然后站到衣橱前开始准备我的"战斗装"。这可是非常重要的，不然非冻死我不可。其实不想去最大的原因是我不敢跟那么多老外讲话，又怕被同学看到感觉很丢脸。

几天后的一个晚上，我早早地吃了晚饭，因为做义工六点就要去报到。晚饭后，我打开门想感觉一下外面到底有多冷，一开门我就打了一个大大的喷嚏。我想：哎，完了，今天我这个南方的孩子肯定要被冻成冰棍儿了。回到房间我特意穿了两件羽绒服，大的有绒毛的那件套在外面，裤子也少有地穿了两条。我还找出了我最厚的袜子，穿上了我刚买的靴子，然后把里面的那条裤子塞到靴子里。我照了照镜子，咦？我的脸呢？哈哈……我实在是把自己包得太严实了。我看着自己的样子，想到了小时候，每年到了冬天爷爷奶奶要我穿很多，我都不愿意，这次我可是怎么穿都不嫌少。为了这次义工我还在网上订了一个zippo的暖手炉以防万一。全副武装，再冷我也不怕了。当我要上车前还有一个小插曲，我差点被卡在外面，因为我穿得实在太多了。挤来挤去终于把自己塞了进去。汽车发动了，我们跟着导航出发了。

那地方有点儿远，而且导航好像也被冻得反应迟钝了。在车灯和路灯的交叉照映下，我们终于绕到了报到的简易房旁边。下车后我对着天空吐了一大口"白烟",还好,起码风不是太大,旁边的房子还可以挡挡风,我这样安慰着自己。接下来经过简单的培训,我被"发配"到了大门。所谓大门就是一个路口,边上都是被厚厚的雪压住的草坪,没有任何遮挡。大风把雪卷起,扑面吹来,很冷但是挺爽的。我站在路中间开始正式售票了。

大概是时间太早的原因,开始售票并不顺利,一个人都没有。经过十几分钟的等待,隐隐地看到远方有两个黄色的车灯因为路的起伏而上下摆动,慢慢地我可以看到那辆车了,车径直向我驶来,已经可以看到车里的人了。我心里又激动又紧张,激动的是我终于可以开张了,紧张的是因为我怕自己说英文的时候舌头打结,特别是在这种天气下。车慢慢地停在了我的面前,我示意他把车窗摇下来,"欢迎来到圣诞灯展,轿车10块,请把收音机调到 FM……"我准备把我要说的话一次性全部说给他,可是还没等我说完,他就打断我了:"还要钱?"司机问,"不是免费的吗?"我急忙解释道:"我们是按车收费的,轿车10块,面包车15块。"我想,通过我这番解释他应该明白了吧。我沉浸在没有说错英文的喜悦中,这时候司机摇上车窗,倒车走了。我顿时无语了。我和这个冷清的大门瞬间一起陷入了沉静。

风刮着,天上又飘起了小雪花,我顿时感觉自己像一个童话里的人物——卖火柴的小女孩,我简直就是她的翻版,天气、时间和遇到的事也差不多,都在雪花飘飘的冬天,节日美丽的夜晚,没人买我们的东西,她卖的是火柴,我卖的是票。我都不敢想结局。

还好,这种悲惨的情节没有延续下去。大概7点多的时候,我看到远方车灯闪过,一个接着一个,大概大家都吃完饭了吧,我马上从悲伤转换成暗自窃喜,这次我肯定要开张了。果然没错,这些车都向大门驶来,慢慢地在我面前停下,车窗已经下来了,跟着出来的还有一张绿色的10块钱,哈哈……一定是常客,我顺利地收到了第一笔。我看着远去的车尾灯,暗自念道:"其实并不可怕。"啊!后面还有车在等着我呢,糟了,我马上转身,边告诉他们价格边说对不起,还好,因为圣诞节的关系大家的心情都不错,他反而对我的道歉感到莫名其妙。时间过得很快,一下子就9点多了,忽然我感觉背后湿湿的,我居然出汗了。我要说的那段话也说得越来越顺了,放钱的袋子也已经很鼓了。

9 点半的时候，别人来接我的班。我有点儿不舍，但是也该休息了。到了那个简易的指挥部，上交了那个鼓鼓的钱袋，我坐到了边上，来了一杯热巧克力，哇！真温暖。不一会儿，他们告诉我，我一共收了 1 900 美元！我自己都被吓到了，刚才我还感觉精力充沛呢，两秒钟后，全身酸痛，想赶紧回家睡觉。

在回家的路上，我的精力又回来了，滔滔不绝地讲述着今天晚上遇到的种种事情。我不知道前两天到底是怎么想的，这么有趣的事竟然差点儿被自己取消了。回到家，洗了一个热水澡后我倒头就睡。

有了这次经历，我从害怕到渐渐喜欢做这些事了。2012 年，"桑迪"飓风席卷美国东海岸，海水直接倒灌进来，沿海很多地方大面积停水停电，许多学校被淹。我和几个同学决定出自己的微薄之力来帮助他们。想到后我们马上行动，两天内我们就完成了策划、海报制作并请示学校批准。我们把从中国带来的礼物全部集中，作为我们的义卖物品。那时候正值家长会，我们就把义卖摊摆到了家长的必经之路上，那次我们一共得到义卖款 1 500 美元，然后我们以学校的名义捐给了重灾区大西洋城的一所学校。一周后，学校在年级大会上还特别表扬了我们。

在美国做义工的经历让我觉得其实做义工并不可怕。活动中，我不仅帮助了别人，同时也得到了与很多美国人交谈的机会，在帮助别人的同时自己也收获颇丰。这些义工经历让我明白了要勇于做自己害怕的事情，并且全力以赴才会让自己成长得更快。以后我也会积极参加各类义工活动，把做义工作为自己对社会的一种责任。

（作者：张泽凡）

 家长评论 ▶

满脸稚气的孩子决定前往美国求学——那年，他才 14 岁。

如今，孩子已经能熟练地独自来往于两国之间。每次见面，我们都能明显感受到他的变化：个子高了，臂膀粗了，身材魁梧了……

今天，看到孩子写的《我在美国做义工》，更是欣喜不已，在字里行间中我们看到了一个善良、阳光、勇敢、幽默、向上的少年。

　　"圣诞节卖票"从先前的不敢参加、想要回绝退缩，到最后对岗位的恋恋不舍，真实地展现了孩子的成长。这是个历练的过程，其间孩子有过焦虑也有过胆怯，但最终被欢心、胜利所取代，这就是成长，谁也无法替代。

　　"胆怯"、"懒惰"、"自私"……原存在于每个人的内心，义工活动为孩子的成长提供了极好的机会，让孩子自己成为行为的评判、抉择者，通过努力克服自身的不足，激发出潜在的优秀品质并逐渐发扬光大。正如孩子自己说的：做自己害怕的事情，做事要全力以赴，把做义工当作是对社会的一种责任……这样的成长犹如春天竹子拔节，怎不让人欢欣鼓舞？

　　父母的幸福就是能看到孩子健康快乐地成长，如今，我们看到了。

（张泽凡妈妈）

第二节　"羊爸"
　　　　说课外活动

　　2014 年 5 月 12 日，在北京雕塑公园西侧的一家茶馆，我与 Gary Zhu 先生做了一次访谈。我与 Gary 相识于本书编写后期的一次研讨会，会上大家一致认为本书还需要增加在体育、社交活动的着墨量，提醒国内家长进一步重视课外的活动。于是相约做一次访谈。

　　我：在朋友圈里大家都知道您在子女教育方面非常有心得，而且把孩子们培养得非常出色，请问您是"虎爸"吗？

　　Gary：我真的不是虎爸，我觉得叫我"羊爸"更合适，我对子女教育其实是非常尊重他们，以引导为主。

　　我：那我们这篇访谈的名字就叫作"'羊爸'有话要说"好不好？

　　Gary：好的。

　　我：您说您培养了 3 个小孩，他们分别多大了？

　　Gary：老大是男生，28 岁了，大学三年级时创业，现在已经开始享受退休生活；老二、老三都是女孩子，分别 17 岁和 13 岁，在读高中和初中。

　　我：咱们这次主要聊聊课外的生活，上次见面时您说在孩子身上花了大约 600 个小时，是怎么计算的？

　　Gary：美国的教育中，课内时间与课外时间的比例是 4 : 6，在总学时方面美国学生是少于中国学生的，可以说功夫在课外。我所谓在孩子身上的时间，包括做家长志愿者，应邀到孩子学校去讲课，介绍中国，介绍中国的数学、趣味数学等，也包括参加越野、郊游、赛车等活动的时间。家长一般每个学期花在每个孩子身上大约 10 个小时，我花费的时间会更多一些。

　　我：据我所知，您非常重视对孩子运动技能的培养，能说说怎么培养的吗？

　　Gary：我和我的夫人体育都不好，我们又都感觉在社交上需要加强和培养，像大多数留美的中国留学生一样，我们还是比较害羞的。但是我们不希望孩子像我们一样，所以我们夫妇特别重视运动和社交这两个方面才能的培养。

　　从老大开始，大概是孩子 8 岁的时候吧，我们开始带着孩子尝试各种运动。在运动项目的选择上，趣味最重要。我是学数学的，所以我对数字非常敏感和留意，我总结的规律是：一个小孩子对一项运动的兴趣需要 5 ~ 10 次课才能最终确定，而没有兴趣大概 3 ~ 4 次课就可以确定了。

　　为了鼓励孩子参与各项运动，我们费尽苦心。有两个重要的经验可以分享：一是要有共同运动的小伙伴，二是要有好教练。小伙伴实在是太重要了！在这方面我们也走过弯路，没有重视小伙伴的重要性，后来发现，有好的玩伴，可以激发孩子的兴趣，他们会结伴去运动，我们家长就是做好后勤，做好集合、接送工作。所谓好的教练，不是有名气，而是与学生是否有交流，孩子是否喜欢这种交流。我家孩子的溜冰教练就非常有名气，人也很好，我们能感受到老师的学生群体的氛围。家长一定要面试一下教练，去场地感受一下氛围。另外，教练住得也不要太远，或者可以登门授课。我们的国际象棋老师就会来家里，这样孩子比较放松。

　　参加这些课外运动可以教会孩子如何与教练老师打交道。孩子的领导才能、社交能力、谈判能力最重要。这些能力是从点点滴滴中培养出来的。总的来说，普遍技能是在课内学习；上述特殊技能关键在课外培养。

为了支持孩子的课外活动，我们全家齐动员。大儿子打入了美国国家羽毛球队，我们全家都很支持，到全国各地观看比赛，加油助威。这也要感谢我们居住的社区，美国国家羽毛球培训中心正好在这个城市，有非常好的训练条件和非常好的教练，里面还有来自中国的教练，这里有 1 000 名会员，经常举行比赛。

我：说说女儿在这方面的培养心得？

Gary：我们也非常鼓励两个女儿参与各项运动。女孩子性格更加害羞一些，但是我们鼓励她们参加游泳、长跑、舞蹈等。二女儿通过长跑为白血病儿童募捐，在网上发布，每人募捐 1 美元，一共募集来 2 800 元，捐给了白血病儿童会。她还经过选拔，参加了 2012 年伦敦奥运会开幕式表演，训练时也是很辛苦的。

两个女儿的朋友中华人所占比例高一些。她们参加了学校的各种俱乐部。校外活动还有：游泳、绘画、骑马、器乐。她们经常去舞会，我们鼓励她们去，也鼓励孩子谈恋爱。我和孩子交流得比较多，现在在国内也坚持每天给女儿打个电话。

我：您给孩子做过什么规划吗？

Gary：我一直在讲遗传因素的重要性，要根据自己的遗传来设计孩子的发展。如果说我们对大儿子有什么设计的话，那就是要求他身体好和社交好。我家老大很聪慧，在小学的时候跳级（其实现在认识到不太应该，年纪太小，影响了领导力的培养）。可是孩子身体不太好，经常咳嗽，胃肠也不好，还比较害羞。我们做的就是投入时间，让他尝试各种课外运动，参加所有的比赛。我们家也算是把钱花在主干上，参加比赛的投资很大，比赛都是要飞过去看的，全家都参加。有时候对于好多孩子参加的活动，我们就租一辆大车。高中的时候选了很多 AP 课，SAT 是满分。大学二年级时差不多就可以修完学分了，后来拿了两个学士，分别是计算机和经济学。大三的时候与同学一起创业，也是与金融相关的。现在企业已经卖掉了，实现了经济上的自由。目前他除了到处旅行，就是计划再回学校修习 MBA。

在我们看来，孩子的任务是家里的中心。在这一点上，美国父母绝对超过中国父母，特别是中国所谓的精英阶层家长。我们中国人对此不太重视。很多家长忙于工作，他们不知道孩子的朋友是谁，曾经在谁家过夜。

美国家长不一样，他们一般要知道孩子朋友家住哪里，父母曾经做什么工作。家长愿意花时间去了解别人。

我：说到建立孩子的社交圈子，你们是怎么支持和鼓励的？

Gary：我们一直想办法制造事件和机会吧，男孩子就参加一些户外极限运动，比如露营、冲浪、滑雪、漂流等。女孩子更加内向一些，我们做的具体事情就多一些，比如，女童子军的一项活动就是女生一起卖饼干。我们帮助预订或者取货，然后欢迎邻居家的女孩子到我们家集中，我和我夫人提供一些小小的服务，也就是花不到半个小时的时间，请她们喝点儿中国茶，吃点儿小吃，有时候是比萨饼，我还给她们烤过地瓜，介绍一点儿中国文化。之后孩子们就出去卖饼干了。她们一开始特别不好意思，我们还要帮助敲门。后来慢慢地就学会了，现在也是销售高手。卖完饼干以后，又回到我们家，然后其他家长把孩子接走。这样的活动每年都要搞几次。我们家和我们家孩子就成了这个事件的中心。还有一个活动就是组织孩子喝奶茶，我们社区有一家台湾人开的奶茶店，小吃很好吃，茶具也漂亮，距离我家有 40 分钟的路程，孩子们有时候走路或者跑过去。我们家买了卡，女儿就和朋友在里边喝茶、聊八卦。后来有的孩子就在里边实习。然后延伸出一起看电影、购物等。我们有一次还做了 10 套旗袍，让女生们穿着玩，参加国际周的活动，她们觉得很好玩儿。

我：那你是否感觉到中外青年圈子之间存在壁垒？

Gary：说实话，我们感觉差别还是很大的，从我服务的青年团体和孩子的朋友群体都可以看出来。美国孩子比较直率，比较阳光，中国孩子稳重、客气、拘谨。分出群体的主要不是语言障碍，而是文化差别。美国对中国人其实没有什么要求，移民国家相对尊重外来文化和语言。如果你关心美国东西部的差异，就会发现：东部文化历史比较久，社区联系比较密切，外来文化融入的时候稍微有所不同；西部文化在形式上感觉不那么正规，显得更多样化，但是在文化本质上差别不大。

打破壁垒比较好的办法是家长积极参加活动，比如教会活动、公益活动，进入之后就成为社区的一分子。其实也很容易，反过来想想别人如果到中国来怎么生活、怎么融入环境就释然了，所以交流是破冰的契机。

我：留学生家长也参加美国的家长会，有什么沟通技巧吗？

Gary：这个太重要了。家长们要有一个认识，一方面老师是学校的雇员，也就是我们的服务提供者，大家是平等的。一定要关注家长会上我们希望给老师留下关于孩子的什么印象。第一就是让老师记住孩子的优点。我参加家长会的时候，会介绍我的孩子如何优秀。比如表扬儿子在家就像小爸爸一样，带着妹妹去买东西，很照顾妹妹。这样就让老师记住孩子；第二要索取孩子的表现，关注发言情况，如果发言不积极，家长就应多提问多诱导。

很多中国家长关心处理关系的问题。我们有时也送小工艺品，都是我从中国带去的工艺品，不超过 10 美元，是个心意。我也送过两次演出票：一次是刘晓庆的演出票，送的时候还告诉他们，这是一个在中国很有名、同时也有争议的艺术家；还送过一次戴玉强演出的票，那时他还没有成名，反响都非常好，而且票价也不贵。

在家长会上，家长要用心推广自己的孩子。要有销售理念，好的东西要告诉老师和学校。我记得梁实秋在他编的字典后边写着"请你把我的缺点告诉我，请你把我的优点告诉别人"。要把孩子优点讲出来，改不掉的缺点就不要讲了。要避免受难和自虐文化。

我：你们是否有对小孩子沉溺游戏和社交网络的苦恼和困惑？

Gary：有，都有。现在孩子花在社交网络上的时间确实比较多，不过我们认为缺点能带来机会。大儿子有一阵喜欢玩游戏，我们就鼓励他玩出名堂来，请其他小孩子到家里一起玩，游戏的成绩也非常好，还参加了"暴雪"在时代广场举行的比赛。那也是全国选拔出来的，很不容易。

我：别让我的问题局限到您的发挥，不如您自由谈谈体会吧。

Gary：我愿意接受这个访谈，确实是因为我发现中美家长在教育理念上的不同。这么多年有三个问题其实一直是不吐不快的：

第一，中国有句老话"四肢发达，头脑简单"，这其实是错误的，我的观点是"四肢发达，大脑发达"。中国精英阶层的父母一定要关注四肢，未来的竞争是四肢的竞争，读书人一定要注重四肢发达，它决定了与人交际的社交圈子。大家经常关心如何进入美国精英圈子，其实有些活动不难参加，也并不昂贵。比如注重亲近大自然的活动。

第二，宗教情怀很重要。我这里强调的不是宗教信仰，而是要有宗教情怀。情怀是对于西方宗教文化的理解，对于迥异的传统的欣赏，对于人文的理解。读历史书、听名人演讲、介入中学生的慈善公益等，对孩子都会有所震撼，他们的社会责任感、怜悯之心、人性的光芒也就培养出来了。宗教的本质是"相信可望而不见之实"。我担心的是，中国最优秀的人当中，患忧郁症的人很多，宗教情怀在人最苦难的时候会有帮助。套用经济学的比喻：当市场向上的时候，所有人都没有问题；但是当市场向下的时候，是不是能够抽身而退，是不是跌倒后能够迅速地爬起来。我们希望孩子们也能有自己的精神支柱，顺利的时候不盲从，挫折的时候不气馁。

第三，父亲的角色很重要。父亲要把时间投资在孩子身上。我建议吃饭要在一起，运动要在场，要有一次父亲带着的旅行。现在功成名就的父亲一周能回家与家人吃几次饭？基本上都在外边应酬了。我承认，在过去30年，中国的母亲们工作都比较到位，花了很多时间。造成的现状就是女孩子比男孩子优秀。我自己有一个小样本调查，我的单位面试了10个北大统计系的学生，男女差距很大，女生比男生优秀。所以，做父亲的一定要小心，对男生的教育出了很大的问题。优秀的男人一定要投资在孩子身上，做父亲的人一定要重视对孩子的承诺。

我：多谢您接受访谈，关于"'羊爸'有话要说"我们还可以继续搞个系列吧？

Gary：可以，只要能够帮助到中国精英阶层的家长。遗传很重要，他们的孩子将来一定会成为下一代精英，希望他们能够顺利地成才，将来反过来对社会有所帮助，帮助更多的人成长。

安全第一

2012 年年末，康州的人们沉浸在圣诞节前夕的欢声笑语中，家庭主妇们精心采购节日食品和礼物，孩子们盼望着假期来临。每当夜幕降临，街道两旁的树枝上和住户的院落里，彩灯闪烁，各种圣诞饰品把整个城市装点得焕然一新。12 月 14 日，学校特意邀请家长们参加新年音乐会，大家齐聚一堂，期待着欣赏孩子们的才艺表演。节目演出前，校长一反常态，表情凝重地宣布："今天上午，在康州纽敦市（Newtown）的桑迪·胡克小学（Sandy Hook Elementary School）发生了一起惨绝人寰的枪击案。年轻的凶手持攻击性武器冲进校园，在教学楼内大开杀戒，造成 26 人死亡，其中包括 20 名 7～12 岁的儿童和 6 名教师。"突如其来的惨烈消息让很多家长感到万分惊愕，大家起立默哀，

原本欢乐的气氛顷刻间荡然无存。

纽敦市位于纽黑文的西北方向，只有30～40分钟的车程，这里一直属于治安状况良好的城市，没想到惨剧就发生在我们身边。州政府立刻行动，调集警察加强对学校的保卫巡逻。孩子们从学校回来后，跟我谈起这件事情时也是心有余悸，我们一起分析避免遭受不测的预防措施。同校的留学生家长们纷纷发来邮件或通过 QQ 留言，再三叮嘱孩子注意安全。

儿行千里母担忧，对于尚未成年的孩子，家长们更是操碎了心。虽然现代社会的通信手段非常发达，但我听得最多的是家长们抱怨孩子较少甚至不愿和家人保持联系，有些孩子借口功课紧张，有些孩子故意躲避，其实这些无知的做法不仅伤害了父母，也不利于学生的自我保护。不论孩子出于无知或有意，家长一定要抓住机会进行安全方面的提醒和教导，比如，手机里一定要保存几个重要的电话号码，不要浑身穿戴名牌和随意露富，出门时带小金额的现钞，注意遵守交通规则，不要单独出校区购物等，这些都属于最基础的安全教育。此外，家长和孩子要约定好每周的联络时间，否则采用紧逼盯人的方式很容易引起孩子的反感。

青少年的安全问题涉及很多方面，交通、卫生饮食、交友、校内外活动、消防、个人家居旅行以及极端天气或事件都可能造成安全隐患。单就极端气候而言，美国因幅员辽阔，地理环境和气候特征多样，是一个自然灾害比较频繁的国家，飓风、热带风暴、洪水、火灾、地震和暴雪经常给居民带来很大的经济损失。我们刚到美国两年，就连续遇到"艾琳"飓风和"桑迪"飓风，还有冬季数次的暴雪，这些灾害性天气让我意识到教会孩子防患于未然的重要性。一旦得知可能遭遇特殊天气，学校老师经常会提醒孩子早做准备，寄宿学校也会为国际生的家长发送邮件，或者在学校主页上发布消息，以安慰万里之外的父母。我们为应对不测，通常要准备至少一周的物品，有时超市里的饮用水、面包、罐装食品等甚至会卖断货。如果可能的话，孩子会参与到这项活动中，偶尔还向我提出一些改进建议。有过两三次经历后，我们已经能像邻居们一样从容应对了，并且总结出了一个应急准备事项的清单：

1. 按照每人每天两升标准预备 7 天的饮用水，还要尽可能多地储备生活用水；

2. 足够 7 天的食品、蔬菜和水果，包括各类罐装食品；

3. 一定数量的药品，包括外伤用药；

4. 提前取出部分现金，因为停电可能造成 ATM 机和收银台无法刷卡；

5. 给汽车加满油；

6. 手电筒和电池若干；

7. 蜡烛、火柴或打火机；

8. 手机、iPad、电脑等电子设备预先充电；有需要的家庭可以购买小型发电机或车载充电器；

9. 收音机；

10. 随身携带重要的证件和文件；

11. 其他一些必要的工具、御寒和防雨物品、睡袋等；

12. 记录重要的联系方式，和家人朋友保持联系；

13. 随时收看或收听新闻，如果进入紧急状态，按照政府的指令集体行动；

14. 其他事项。

这个清单一直贴在冰箱上，随时提醒大家照此办理。孩子们其实对参与这类准备活动是很热心的，儿子就曾经建议我买收音机和逃生专用手套，可见他动脑筋想做得更好。右图是 2013 年除夕遭遇的雪灾的照片，当时狂风大作，暴雪肆虐了一天一夜，积雪达 1 米厚，照片中那一个个隆起的雪堆下就是被掩埋的汽车。我们所在的镇属于康州重灾区，学校停课 3 天，奥巴马总统宣布康州进入紧急状态，要求所有居民为安全起见待在家中，不允许开车上路。所幸的是我们所在的社区没有停电停水，几位小留学生聚在一起，度过了一个不寻常的春节。

虽然美国经常遭遇各类灾害，但自救恢复的速度和效率也比较高。究其原因，不仅取决于通畅的预报、预警信息和完善的救灾管理制度，而且和居民们训练有素的防灾、减灾意识密不可分。即使面对灾难，大家始终保持乐观积极的心态，互相安慰，互相帮助。身处这样的环境中，孩子们耳濡目染，自然十分关心天气预报，几乎每个人的手机或 iPad 中都下载了软件，随时读取信息。

运动受伤是小留学生面临的另一个安全隐患。按照学校的要求，在秋季、冬季和春季三个时段，学生们要选择自己喜欢的体育项目，每天下午开展两小时的活动。各学校可供选择的项目很多，通常有橄榄球、垒球、棒球、足球、篮球、排球、长跑、游泳、网球和舞蹈等。我和其他留学生家长曾讨论过怎样选课比较安全的问题，有个别家长因担心孩子受伤，所以限制孩子参加一些有身体碰撞的集体项目，我觉得这样的做法有点儿因噎废食，孩子也未必按照家长的意愿选课。这让我想起了国内有些中学的做法，学校领导因担心学生受伤而承担责任，取消了单双杠、长跑、投掷等传统体育科目，使本来就少得可怜的运动时间和运动项目雪上加霜。尽管体育成绩被纳入中考和高考，但体育课变成形式化的"副科中的副科"是不争的事实。

其实任何一种体育运动都存在一定程度的风险，但学校绝不能因为风险而忽视体育教育。我曾经在清华大学学习和工作，每一个清华学子都知道学校最负盛名的体育精神人物马约翰教授的故事。清华建校初期，学子们重知识轻体育的现象让校长非常着急，曾一度采取强制锻炼措施，但收效甚微。马约翰先生1914年任聘到清华化学系做助教，由于他从小活泼好动，终身挚爱体育运动，强调"健身与励志相结合"，得到时任校长周诒春赏识，受聘为体育帮教，后成为学校体育部主任。关于先生的故事很多，这里略举例一二。按照学校强制锻炼的规定，马约翰先生每天下午从清华学堂和其他教学楼中轰赶闷头读书的同学出来锻炼身体，风雨无阻，雷打不动。著名学者梁实秋、吴宓在校期间因体育成绩未达标而被马约翰扣留，直至达标后才准毕业。1958年，76岁高龄的马约翰和土建系的一位中年教授合作，轻松地夺得北京市网球双打冠军，首创了76岁老人达到国家一级运动员标准的纪录[1]。马约翰先生把体育运动精神带给了清华，他的"育人至上，体魄与人格并重"的体育教育观成为学校人才培养的重

---

[1] 《体育史料》1980年第一辑。

要组成部分，"为祖国健康工作 50 年"成为每一个清华人追求的目标。

马约翰先生提倡的体育运动与学业并重、与人格并重的理念，和美国大中学校的理念是一致的。美国中学体育教育主要是培养学生终身参与体育活动的能力，为了得到中学毕业证书，学生必须选修体育课，可以说体育运动已经成为学生的一种生活方式。各学校的体育场馆和设施非常好，令我印象深刻的是，老师对学生的专业着装、保护器具等都会提出明确要求，体育馆里还配备护士，尽可能降低学生运动受伤的概率，因此家长大可不必因为安全因素而忽视孩子身体素质的提高，而是要叮嘱他们不要做出过分激烈的拼抢动作，以免引起他伤或自伤。

就在我即将完成学生安全章节的时候，波士顿马拉松比赛的现场又发生了爆炸案，三名不幸罹难的逝者之一是波士顿大学的一名中国籍在读研究生吕令子。看到她如花般的青春陨落在异国他乡，不禁让人扼腕叹息！一个月前的春假，我们刚刚游览过波士顿，第一个去参观的学校便是坐落在市中心的波士顿大学；我们也曾在爆炸案现场的波士顿公共图书馆流连忘返了整整半天，孩子们在那里看书上网。还记得一场暴雪过后，慵懒的阳光透过宽大的落地玻璃直射到一排排书架和书桌上，室外白雪皑皑、室内安宁静谧的情景依然历历在目，谁能想到 1 个月后这里会发生惊天动地的惨案？这次事件不仅撕裂了美国民众刚刚愈合的"9·11"伤口，瓦解了大家的安全感，而且向所有的留学生再一次敲响了安全的警钟。

吴光华：20 世纪 60 年代生人，十载寒窗苦读，先后考入中国人民大学和清华大学学习，获得经济学学士和 MBA 学位。20 年来一直从事成人教育工作，熟知成人教育的特点和热点问题，在项目策划、教学教务管理和国际合作方面颇有心得。"我有 11 年在清华工作的经历，对高等教育的现状深有体会。在儿子选择出国留学之际，毅然辞去令人艳羡的工作，来到异国他乡开始了'陪读妈妈'的生涯。也许有些家长对我的做法不理解或者不赞同，但我深感在最重要的人生成长阶段，父母的言传身教对孩子的巨大影响力。我记录下真实的所见所闻，希望和没有加入陪读行列的父母们一起分享这难得的心得体会。"

第四篇

常春藤的梦想

第一章 大学申请的准备工作

大学的规划准备工作几乎与迈入高中同时开始。在这一时间设定上，中美学生没有什么不同。由于考核的维度更加复杂，在美的高中生需要为自己的简历准备十分丰富的内容。标准化考试成绩（SAT、ACT）只是大学录取的参考之一，高中阶段的成绩 GPA 更加重要，持之以恒的社会活动经验也不可缺少。这些准备工作在前面几章都已经涉及，这一章要重点探讨如何与大学打交道。

第一节 学生要做的准备工作

一、9 年级学生

刚刚迈入高中的 9 年级学生还需要一段时间适应高中阶段的学习，如果在开学之前的夏季还有时间，可以在旅行中安排参观一些大学校园，同时了解读大学的相关费用。暑期更主要的任务是开发兴趣爱好、培养阅读习惯。

秋季开学以后，建议学生与老师谈谈大学和职业选择，选择最适合自己的课程。一般情况下，9～10 年级的学生暂时得不到学校升学顾问的意见。有关大学的问题可以与负责学术的老师探讨，这个老师同时负责选课的指导。

在冬季的假期，回顾过去半年的学习生活，寻找适合自己的财务援助计划（FA）。到了春季，可以大胆地拟写大学清单，开始大学搜索，了解读大学的实际费用，并制定新的暑期计划。

二、10 年级学生

学生要利用 10 年级选课的机会与教师谈谈：检视高中课程是否满足心仪大学的申请要求。顶级学校往往会考察申请者选修 AP 课程的情况，学生要了解学校开设 AP 课程的情况，对照自己是否具有选修 AP 课程的资格，制订选修 AP 课程的计划。

继续参加课外活动。在选择课外活动时，除了兴趣之外，可以适当站在大学招生官的角度，考虑哪些活动会给申请增加说服力。适当安排暑期实习计划，或者参加以技能为重点的训练营，例如音乐、艺术、科学等。

10 年级学生要参加 10 月的 PSAT 考试。考试成绩不会成为学生 11 年级时参加"全国优秀学生"（National Merit Scholar）竞赛的考量因素，但是对于下一年参加计算成绩的 PSAT 考试和 SAT 推理考试，都将是一次有帮助的练习。PSAT 成绩单在 11 月份发放。

与 PSAT 成绩单接踵而至的是大学的介绍材料。学生与家长要做好思想准备，打开信箱后会看到各种大学的介绍和参观校园的邀请。大学按照分数段设定自己感兴趣的学生，开始热情地推销自己，通常的做法是邀请学生参加一些兴趣测试，并借此收集学生家长的邮箱地址。学生可以选择其中感兴趣的学校进行邮件注册，这样就可以持续收到该所大学最新的信息。

三、11 年级学生

随着升学的临近，准备工作开始紧张起来。高年级时维持好的成绩特别重要，在学习习惯上，学生每晚至少要做两小时的作业，并参加学习小组。进入秋季学期之后，学校将安排学生与升学顾问的面谈，学生要抓紧时间跟学校顾问或老师讨论以下问题：

1. AP 课程选修计划。
2. 制订相应的参加 PSAT、SAT Ⅰ、SAT Ⅱ、ACT 和 AP 考试的时间

表；对于留学生，还要设定 TOEFL 的考试时间。所有时间设定都要留有余地，以备参加第二次甚至第三次考试。

3. 报名并准备考试。

4. 对学生的学业记录和概况进行评估，找出其弱点或不足，并找出提升学生申请资格的方法。

5. 除了成绩，找出其他有利条件来增加被大学录取的概率。

具体可参考以下时间安排：

时　间	安　排
8 月	取得 SAT Ⅰ、SAT Ⅱ、ACT 和 AP 考试的时间表
9 月	报名 10 月的 PSAT 考试
10 月	参加 PSAT 考试［11、12 年级学生的 PSAT 考试成绩将计为参加全国成就计划（National Achievement Program）的一部分］
	筛选心仪大学的名单，并了解各校的奖助学金情况
	联系大学升学顾问，安排会面时间和参观校园的时间
PSAT 考试结果出来后	与升学顾问共同分析，找出薄弱环节，决定是否需要参加培训班或下一次的考试
春季学期	根据升学顾问给出的学校名单和相应的指导文件，学生需要上网浏览计划申请的大学，或亲自前往参观。要在下一次与顾问会面之前完成对大学基本情况的研究
2 月	可报名参加 3 月的 SAT 考试和 4 月的 ACT 考试。早一点参加 SAT 考试和 ACT 考试，既能确保学校有足够的时间来考虑学生的申请，也为有需要的学生参加秋季的考试留有时间余地
	记录心仪大学的申请截止日期，以及要求学生参加什么考试
3 月	参加之前报名的 SAT Ⅰ 考试
	如有兴趣此时可以报名 AP 考试
4 月	参加 ACT 考试
	为 5 月份的 AP、SAT Ⅰ 和 SAT Ⅱ 考试做好准备
	联系老师写推荐信，并尽量征得老师的推荐
6 月	可以更新一次学生档案，把新的成绩单、考试成绩、荣誉状或奖状加进档案里
	可以去参观心仪的大学，并预约商谈助学金、入学或会见升学顾问
	参加 SAT Ⅰ、SAT Ⅱ 和 ACT 考试
夏季学期	练习写网上申请，以更好地展现自己
	检查自己的申请表格，征求家人和朋友的意见，请老师帮忙把关
	决定是否考虑特定大学的早期决定（Early Decision）和早期申请（Early Action）计划

续前表

时　间	安　排
10月~12月	提出早期决定和早期申请（通常在1月时就能知道大学是否接受入学。需要注意的是，早期决定的计划具有法律约束力，一旦有关大学接受了学生的入学申请，学生就必须入学）
1月以后	阅读大学来信，并给心仪大学回信

四、12年级学生

9月份进入秋季学期后，检查一遍所有的文件，确认学生自己的条件符合所申请大学的要求，包括所有的成绩条件；检查一遍大学名单，确保其满足学生的要求，必要时可以增减。若有需要，继续报名参加10月或11月的SAT Ⅰ、SAT Ⅱ和ACT考试，否则可将资料信封交给适当的老师或顾问。

若10月份参加SAT或ACT考试，可要求测试中心将正式成绩单寄给学生清单上的大学。若有必要，还可报名参加12月或次年1月的SAT考试。11月可将大学申请表格寄出，并注意将SAT、ACT等正式成绩单寄往所申请的大学。

春季学期伊始，提前（1月1日到15日之间）填写并寄出大学奖、助学金免费申请表格。若有条件，还可到FAFSA（自愿联邦奖学金，是给美国公民或者绿卡持有者的资助）网站上寻找更多资助。同时要求高中将正式成绩单寄至自己所申请大学，并由家长填写所得税表格，作为申请奖、助学金材料。如果学生1月份完成了FAFSA表格，2月份会收到"学生援助报告（SAR）"，此时需对报告进行完善或修正，寄还FAFSA以完成奖学金申请。一般到4月15日前会知道大学是否接受学生的入学申请，学生可以就发出通知的大学进行比较，包括他们接受学生的信件和给予的资助等。学生需要在5月1日前选定大学，并付学费押金。随后请高中将最终成绩单寄至选定的大学，并向大学了解学费、食宿费的金额和交费时间。

夏季要做就是参加大学新生的夏季迎新情况介绍计划、购买学生医疗保险计划。留学生需要注意，因学校发生变化，需要申请新的签证。

第二节　家长要做的
准备工作

无论子女是在国内读大学还是在海外读大学，几乎所有的中国家长都会尽可能地予以支持和协助。家长当中具有留学、海外工作和生活经验的只有一小部分，而上一代留学生多数是从研究生开始攻读的，直接从高中申请大学的经验几乎为零。在这方面，中国家长还需要认真准备功课。

一、低年级留学生家长的准备工作

对于初到美国上高中的 9～10 年级学生家长，适应新的学习环境和生活环境是首要考量。此时也需要为大学申请提早准备。

（1）与孩子共同做好高中阶段规划。包括学习上的目标，社会活动目标，体验美国文化的目标，大学的目标以及更为长远的人生目标。

（2）注重兴趣与习惯培养。由于留学生不在身边，家长不可能全天候地盯住学生的学习生活情况，需要利用有限的交流时间，了解、观察其学习兴趣所在，鼓励学生参加与兴趣有关的活动，多做正面积极的引导。

（3）与孩子一起研究大学情况、参与搜索。若有条件，要陪同孩子考察学校，与招生官面谈，了解大学的实际费用，做好财务计划。

（4）为学生暑期实习、社会实践提供人脉资源。鼓励学生利用暑期接触不同的职业与人群，理清自己的职业目标与发展方向。

二、高年级留学生家长的准备工作

随着大学申请的临近，家长需要对申请事宜给予更多关心，同时也要注意疏导学生的情绪，无须过于紧张与焦虑。我们建议从以下几个方面完成家长的准备工作：

（1）确定是否需要聘请中介。每个家庭的考虑不一样，是否聘请中介完全依据各自的考虑与要求。多数中介机构能够在文书准备上提供帮助，有些可以早期参与学生高中学习规划，提供社会实践的机会，还有些可能与部分学校保持比较好的合作关系，比较了解学校的情况，能提供有针对性的帮助。如果决定聘请中介，要考察口碑与认真负责的程度，也要做好沟通协调工作，从而购买物有所值的服务。

(2) 配合学校与学生的准备节奏。按照学生申请的时间安排，家长应全力配合并督促提醒。通过检查时间节点的报名、考试、材料准备督促学生有计划地完成申请工作，克服可能的拖延或畏难情绪。家长应注意与升学顾问的沟通，表示对申请工作的关注与支持。

(3) 大学研究工作。家长应通过网站、人脉关系、陪同学生实地考察充分了解目标大学的情况，做到心中有数，但又不能将自己的意见强加给学生。在学校、学生、家长充分沟通的基础上列出目标大学清单。

(4) 协助材料准备。家长远比委托的中介结构要了解孩子，所以有条件的家庭要充分参与学生申请材料的准备，共同打磨申请文书，将学生最具有吸引力和竞争力的一面展现给目标学校，同时注意奖、助学金申请有关材料的准备以及大学对家庭财务情况要求，准备好财产证明与保证金。

(5) 参与最终决策。与学生共同讨论在接收函中选取最为心仪的学校，并致信未选择的学校表示感谢并说明原因。协助做好学生由高中所在地往大学所在地搬家的安排，如果决定送孩子去大学，准备好自己的签证与行程。

第二章 大学申请

第一节　大学搜索

在全美 3 976 所高校中做出选择有如大海捞针。同样，使用高中所取得的成绩还可以申请其他英语国家的大学。在全球化的今天，学生面临的选择面非常广。对于下决心在美国申请大学的读者，我们建议从以下几步开始搜索。

一、学校类型

两年制与四年制
你自己想去一所什么类型的学校呢？
大多数为期两年的社区学校提供副学士学位，大部分四年制大学提供学士学位。有些学生刚开始时在两年制的大学学习，后来转到四年制大学。

公立与私立
公立和私立院校之间的差异可能并不像想象的那样大。
对于美国学生，因为有财务援助，所以不论公立或私立院校都负担得

起，而且两者都提供了很好的教育经验和机会。对于国际学生来说，可以先把这个问题放一放，到后面再考虑哪些学校对国际学生有资助。

学校规模

可以选择多个不同规模的学校。正如高中的学校有大有小，大学的规模也各不相同。学生需要考虑自己是想成为规模较大的院校的一分子，还是想成为小规模学校的一分子，或者是介于两者之间。在大学里也可以创建属于自己的社区，规模可大可小。

宗教信仰

许多美国大学有宗教背景，并且可能开设相关课程，但不会强制学生信教。

地理位置

按位置搜索是缩小筛选范围的一个直接有效的办法。也可以试着扩大搜索范围，看看还有哪些可选的学校。

校园与住房

大城市，小城镇，或介于两者之间？根据大多数留学生的经验，我们推荐留学生选择大城市的院校，这样发展机会更多，交通也更便利。

住校还是通勤？

在住校院校，大部分学生住在校园里，一般都是在宿舍。在通勤院校，大部分学生开车到校园去上课和参加活动，但天黑的时候就回家了。

对于很多学生而言，住在宿舍是整个大学体验的重要组成部分。许多高校保证新生校园内的住房。有时候，学校也会为学生整个四年的大学生活提供住处。

二、专业及学习环境

专业

学生有充足的时间来决定自己的专业，非常有利于学生发掘在学习上感兴趣的方面，找到开设自己喜欢领域课程的学校。大多数学校都提供多种专业，而且大部分学生都至少转过一次专业。

学校会提供多种不同的学习机会

大多数院校有特殊学术课程，比如在其他国家学习的机会。如果这样的课程对你来说很重要，那么就请将这样的课程加到搜索参数当中。

三、体育活动

在大学里，你可以继续以前的体育运动，也可以尝试一项新的运动。无论你是想发挥竞争力，或只是享受运动乐趣，学院有许多不同类型和水平的体育运动。高中体育与大学体育的最大区别就是：俱乐部运动的可用性和普及性。学生可以组建自己的团队，并决定什么时候进行练习和表演。团队可以是竞争或非竞争的，可以是男女混合的，也可以是单一性别的。

开发课外兴趣

大多数院校都有丰富多彩的活动。校园活动不仅是一种乐趣，还是发现新兴趣的好方法，还能够结交新朋友、掌握新技能，而这些都将有助于塑造你的未来。

有兴趣加入兄弟会或女生联谊会吗？

在很多的大学中希腊式的生活扮演着重要的角色。即使在其他校区，这一特点也隐约可见。如果你对此没有偏好，可以不考虑。

四、申请

录取率意味着什么？

录取率与教育质量并没有直接关系，仅仅是指所有申请的学生当中有多少人最终通过申请并入学。显而易见，录取率低意味着竞争更加激烈。

五、学分

查找承认荣誉课和 AP 成绩的院校

荣誉课和 AP 课程意味着学生在高中的时候已经获得了大学水平的经验。多数院校都接受 AP 考试成绩并授予学分，或做出相应安置。

查找承认 CLEP 考试的院校

CLEP（大学水平考试计划）测试表明你已经掌握了在大学水平的科目。超过 2 900 所院校为通过 CLEP 考试的学生授予学分。

什么是 GED?

如果你没有完成高中学业，可以通过 GED 获得一个高中同等学历证书。如果 GED 考试成绩足够好的话，许多院校愿意接受，可观的 GED 成绩可以替代高中毕业生的条件。此外，一些大学还要求在家接受教育的学生参加 GED 考试。

想从两年制院校转到四年制院校?

需要提前计划，研究目前想要就读的两年制院校被什么样的四年制院校接受。升学顾问可以帮你找到问题的答案。

六、费用

在搜索学校的时候，不要过早就因为费用问题把一些学校排除在外。对于许多家庭来说，成本是一个主要问题，这是可以理解的。但它并不一定是那么严重的问题。有许多财务援助的来源，可以帮学生负担大学的费用。

平均净价格是指上大学的费用减去学校和政府提供的无偿援助。它可以告诉你就读这所院校需要付出些什么，大多数学生支付的费用都比标价的全额少。

对于国际学生来说，奖、助学金没有美国本国学生那么多，但有一半的院校也针对国际生提供财务援助。

七、支援服务

学校为满足学生的需求和挑战提供了各种帮助措施，不论在课堂内外。服务设施有：听力受损、学习障碍、语言或沟通障碍、视觉障碍、轮椅通道等。

八、多样性

多样性的学生群体对你来说是否重要?

基于少数民族条件进行搜索，在学校的资料里你会发现更多关于学生群体多样性的信息。

特别关注一下黑人或西班牙裔学生

美国有大约 90 所历史性的黑人大学院校，有大约 180 所西班牙服务院校，在这些学校，至少有 25％的本科学生是西班牙裔美国人。

根据以上几个步骤与个人偏好选择，学生可以自己搜索出一个心仪学校的名单。同时，在进入 11 年级之后，学校的升学顾问也会根据学习的成绩与兴趣列出一个 20 多所学校的名单，大大缩小了做功课的范围。

第二节　学费与国际学生的财务援助

美国留学的费用主要包括学费、学杂费、食宿费和交通费用等，其中学费占最大比例。虽然学费的结构基本相同，但是具体费用的高低却各有不同。比如，发达地区的学费会高于偏远地区；名校的学费会高于普通高校；私立大学学费多高于公立大学。综合排名前 100 的大学会更多地引起大家的关注，这些大学的学费每年都会有 5％～10％的增长。私立大学不会就生源问题区别收费，都会按照本校统一标准执行；而公立大学（州立大学）则会分本州和外州两种，外州学生的学杂费会高出本州很多，甚至会是本州学生学杂费的数倍。国际学生则是按照外州学生的标准进行收费，当然不排除有的公立大学为吸引国际生而采取优惠措施。一直在涨的学费是笔不小的开支，尤其是对于中国家庭来说，但若能获得大学生财务资助，压力自然也就不那么大了。

美国的财务资助分为联邦政府提供资助、高校提供资助、州政府提供资助和社会各界及其他组织提供资助四种形式。其中联邦政府提供的资助形式包括助学金（助学金无须偿还，可分为：佩尔助学金、补充教育机会助学金和全国 SMART 助学金）、工读计划（该计划是联邦政府通过高校为家庭经济困难的本科生提供校园工作或校外社区服务工作的机会，使其获得一定数额的资金，所需资金的 80％来源于联邦财政拨款，剩余 20％由各高校自行筹集）和学生贷款（由政府或商业银行对在读大学生提供，旨在帮助低收入家庭学生以自己将来的收入解决大学期间学费和生活费用问题的资助金）；高校提供的资助包括学院助学金（特长奖学金和特长奖励金比较著名和普遍，依据学生的学术成就、领导能力和艺术成就授予）、工读计划（俗称勤工俭学）和助学贷款（美国大多数大学每年都会从学校办学经费中拨出部分资金专门用于学生贷款，或与银行一起共同作为贷方帮助学生解决财政困难。学生可以在毕业 6 个月后开始偿还）；州政府提供的资助各有不同，但仍多以助学金、奖学金、工读计划等形式出现；社会各界和其他组织提供的资助，如宗教团体、少数民族组织、各种职业联盟等，也有来自私人、慈善团体和公司企业的捐赠。

国际生在美国高校申请财政援助会受到更多的条件限制。除了大多数高校的普通条件（如托福成绩达到一定的分数）外，还会有类似"需是美国居民或持有绿卡"等不同条件的限制，具体信息可向学校咨询。

除此之外，还有其他形式、不同额度的奖学金，可以登录相关针对国际生奖学金的网站进行查询或申请，如：International Scholarships (http：//www. internationalscholarships. com/)；Fund Finder from the College Board（http：//www. internationalscholarships. com/)；International Educational Financial Aid（http：//www. iefa. org/)；Fast Web Scholarships（http：//www. fastweb. com/)；Student Scholarship Search（http：//www. studentscholarshipsearch. com/)。这些网站含有国际援助项目的数据库，留学生可以在线录入自身情况（如来自哪个国家，将去哪里就读），通过网站的匹配来查询或申请适合自己的财政援助。

第三节　平均成绩点数（GPA）如何计算

GPA，英语全称是 Grade Point Average（平均成绩点数）。美国的很多学校在录取的时候要求学生提供 GPA 和相应排名，不同学校的录取条件和 GPA 算法会存在不同，在换算的时候参考待申请学校的计算方法。GPA 满分是 4 分，精确度往往达到小数点后 1～2 位，如：3.0、3.45。

美国的大多数学校采用 4 分制，即 A＝4，B＝3，C＝2，D＝1。算法为：课程学分乘以所得绩点的总和再除以学分的总和，公式表示为（以 5 门课程为例）：GPA＝［课程 1 学分×绩点 1＋课程 2 学分×绩点 2＋课程

3 学分×绩点 3＋课程 4 学分×绩点 4＋课程 5 学分×绩点 5］／［学分课程 1＋学分课程 2＋学分课程 3＋学分课程 4＋学分课程 5］。除了这种 4 分制算法，还有一种常用的标准算法：课程所得分数乘以相应课程绩点的总和乘以 4，然后除以各课程绩点总和与 100 的乘积，公式表示为：GPA＝［（分数 1×绩点 1＋分数 2×绩点 2＋分数 3×绩点 3＋分数 4×绩点 4＋分数 5×绩点 5）×4］／［（绩点 1＋绩点 2＋绩点 3＋绩点 4＋绩点 5）×100］

以下为"2015 年泰晤士高等教育世界大学排名"中前十名大学的新生平均 GPA 分值（表格内容由 zinch 留学网站[①]整理而来）：

学校名称	新生平均 GPA
加利福尼亚理工学院［California Institute of Technology（Caltech）］	3.65
哈佛大学（Harvard University）	3.65
牛津大学（University of Oxford ）	无要求
斯坦福大学（Stanford University）	3.65
剑桥大学（University of Cambridge ）	无要求
麻省理工学院［Massachusetts Institute of Technology（MIT）］	3.65
普林斯顿大学（Princeton University）	无要求
加州大学伯克利分校（University of California－Berkeley）	3.65
耶鲁大学（Yale University）	无要求
帝国理工学院（Imperial College）	无要求

第四节　SAT 考试
概述

SAT，全称 Scholastic Assessment Test，中文名称为"学术能力评估测试"，俗称"美国高考"。SAT 由美国大学委员会 College Board（下简称 CB）主办，其成绩是世界各国高中生申请美国高等院校及奖学金的重要参考。

---

① 网址：http：∥www.zinch.cn

SAT 分为 SAT 推理测试（SAT Reasoning Test，后称 SAT Ⅰ）和 SAT 学科测试（SAT Subject Test，后称 SAT Ⅱ）。SAT 推理测试是美国大学录取中的一个标准化测试，旨在考查学生的能力是否足够适应大学教育。我们通常所说的 SAT 多指 SAT 推理测试。

根据 SAT 的组织者 CB 的观点，SAT 主要是考查学生们在大学阶段所必需的阅读和写作能力。SAT 测试学生们把在学校学到的知识付诸实践分析、解决问题的能力。在美国，学生一般会在 11 或 12 年级时参加 SAT 考试。组织者认为，SAT 成绩和平均成绩点数（GPA）结合起来，可以更好地让大学招生委员会了解一个学生的水平。虽然部分美国大学不要求海外学生提供 SAT 成绩，但美国名校通常要求学生提供 SAT 成绩，否则不予录取。

SAT 考试在每年 3 月、5 月、6 月、10 月、11 月和 12 月的第一个星期六以及 1 月的最后一个星期六举行。其中，每年 3 月的考试仅在美国举行。考试时间是上午 8 点开始，大约到下午 1 点结束（各个考点情况不同，故时间有差异）。SAT 考试总时长为 3 小时 45 分钟（225 分钟），共有批判性阅读（Critical Reading）、数学（Mathematics）和写作（Writing）三个科目。

SAT 考试有三种报名方式：

第一，邮寄报名。向美国大学委员会（CB）写信申请报名表格；

第二，网上报名。登录美国大学委员会（CB）的主页注册报名；

第三，电话报名。电话报名需要参加过 SAT 考试，在美国大学委员会（CB）有考生详细注册信息。

SAT 的考试费用如下：报考 SAT Ⅰ需 50 美元，国际考生 81 美元；报考 SAT Ⅱ的基本费用为 54 美元，每科加 12 美元，带听力的语言科目每科加 23 美元。另外，如果有特殊原因需要变换考试种类、地点或时间的，需另外缴纳 26 美元的变更费；如果是过了一般报名时间而在最后报名期限前报名的需缴纳 27 美元的逾时报名费；如果不进行报名的话也可以在考试当天直接参加考试，但需缴纳 44 美元的候补（Waitlist）费用。

从上面的内容可以看出，SAT 要比其预考 PSAT 重要得多，也更加受到各校的认可。而 SAT 本质上是一个智商考试，考试主要是为美国本土高中生设计的，因此出题的一个基本原则就是假定考生可以熟练自如地使用英语。所以参加 SAT 考试的基本前提之一就是有良好的英语能力。所以学生还需做好全面充足的准备。

首先，要提前准备，打好基础。

在时间方面，需要提前半年甚至更长时间来准备。高中生的词汇量有限，若想获得高分一定要用相当长的一段时间来积累。对于考试时间的安排，不妨选在5、6月进行一次，10月一次，11、12月一次。5、6月的考试可以作为尝试，如果对成绩满意则无须再考，如果不满意可以借此了解自己的不足，为下一次努力；10月做好充足准备进行一次考试，而且赶上提前批申请，是一次不错的机会。10月能拿下好成绩是最理想的结果，如若不满意还可以继续调整，准备下一次考试，如觉得时间不够可以后延。

在内容方面，主要包括词汇、阅读和写作三个部分的准备。词汇是基础。尤其是基础不好的同学，需要提前规划，比如每天拿出多少时间来记多少单词、阅读英文书籍、参加培训班等。是否参加培训班需要因人而异，若需参加培训班，要根据自己的基础和需要进行选择。盲目参加培训班反而会浪费时间和精力。基础好而又时间充裕的同学可以不参加培训班，也可参加强化班提升答题技巧。如果时间充足但基础不理想的话，也可以先拿下托福，利用托福来提高阅读和写作能力。在此基础上再进行提高（或报班强化）会轻松很多。

其次，临近考试时要进行规律性练习，达到最佳考试状态。

知识方面，不需要追求"量多"，多尝试通过模拟考试环境的方式来练习。从开始时间到结束时间，包括每个环节的答题时间都要严格控制，在一定程度上适应考试的时间节奏。生活方面，调整作息时间以更好地适应考试，注意饮食和卫生，保持良好心情，以最佳的身体条件和心理状态去迎接考试。

根据往年时间安排规律，2014—2015年的考试时间应该为：

2014年上半年考试时间：1月25日、3月8日、5月3日、6月7日

2014年下半年考试时间：10月4日、11月1日、12月6日

2015年上半年考试时间：1月24日、3月14日、5月2日、6月6日

以下为"2015年泰晤士高等教育世界大学排名"中前十名大学的SAT居中成绩范围（表格内容由zinch留学网站①整理而来）：

---

① 网址：http：//www.zinch.cn

学校名称	SAT 居中成绩范围	
加利福尼亚理工学院 California Institute of Technology (Caltech)	SAT 总分	2 160～2 380
	SAT 阅读	700～790
	SAT 数学	760～800
	SAT 写作	700～790
哈佛大学 Harvard University	SAT 总分	1 800～2 400
	SAT 阅读	600～800
	SAT 数学	600～800
	SAT 写作	600～800
牛津大学 University of Oxford	无要求	
斯坦福大学 Stanford University	SAT 总分	2 040～2 330
	SAT 阅读	670～770
	SAT 数学	690～780
	SAT 写作	680～780
剑桥大学 University of Cambridge	无要求	
麻省理工学院 Massachusetts Institute of Technology (MIT)	SAT 总分	2 090～2 340
	SAT 阅读	670～770
	SAT 数学	740～800
	SAT 写作	680～770
普林斯顿大学 Princeton University	SAT 总分	2 120～2 390
	SAT 阅读	700～800
	SAT 数学	710～800
	SAT 写作	710～790
加州大学伯克利分校 University of California—Berkeley	SAT 总分	1 840～2 240
	SAT 阅读	590～720
	SAT 数学	630～770
	SAT 写作	620～750
耶鲁大学 Yale University	SAT 总分	2 110～2 380
	SAT 阅读	700～790
	SAT 数学	700～800
	SAT 写作	710～790
帝国理工学院 Imperial College	无要求	

第五节　ACT 考试
概述

ACT 与 SAT 一样被称为"美国高考"，全称为 American College Test。ACT 由 ACT 公司主办，也是美国大学的入学和大学发放奖学金的主要依据之一，是对学生综合能力的测试。

ACT 不像 SAT 那样分Ⅰ和Ⅱ，除了数学、英语、阅读和科学推理四个部分之外，还有一个选做的作文测试部分：ACT Plus Writing。四个部分的测验分别是针对考生书面英语的理解与分析能力的英语测试，针对考生定量推理能力的数学测试，针对考生理解、分析、评价性推理和解决问题能力的阅读测试，针对考生运用图表、表格和研究总结等方式处理科学概念的能力的科学推理测试。ACT 更像一种学科考试，它更强调考生对课程知识的掌握，同时也考虑到了对考生独立思考和判断能力的测试。从难度上看，ACT 比 SAT 更容易一些，尤其对中国的考生来说，选择 ACT 可能更容易在短期内获得相对满意的成绩。由于 SAT 设立时间较早，在美国得到更多大学的认可；而 ACT 先是在美国中西部的大学中流行，近年来高速发展，已经在美国著名高校中获得承认，其中也包括哈佛、耶鲁这样的顶级名校。

ACT 每年在北美地区举行 6 次，其他地区举行 5 次。我国大陆地区会在每年的 2 月、4 月、6 月、10 月和 12 月各安排一次考试，其中 2 月和 6 月的考试没有作文题。

ACT 考试的实际考试时间为 2 小时 55 分钟，总计 215 道题。具体分配如下：

第一部分	英语	由 5 篇文章组成，包含 75 道选择题	45 分钟
第二部分	数学	包含 60 道选择题，每题包含 5 个选项，涵盖代数、几何等各个方面的数学知识	60 分钟
第三部分	阅读	包含 4 篇阅读文章，每篇对应 10 个选项，共 40 道选择题	35 分钟
第四部分	科学推理	包含 7 篇文章，40 道选择题，但每篇文章对应的选择题数量从 5 到 7 道不等	35 分钟
选做部分	写作	要求写一篇作文	30 分钟

　　ACT 报名要登录 ACT 报名官网进行注册；然后登录个人页面编辑并保存个人信息；接着选择考试的时间和地点；最后填写信用卡信息并付费。

　　ACT 报名费用包括几个部分，其中基本费用 34 美元；ACT Plus Writing 额外加 15.5 美元；延时报名额外加 21 美元；海外（非美国本土）考生在以上费用上再各加 27 美元。在基本费用中包含了 4 次成绩单寄送费用，若需额外寄送，可于考前在网上指定，每次需增 10 美元（最多两次）；考试之后的额外寄送每次需 15 美元。当然，除了寄送之外，还可在网上查询成绩。一般考试结束后 15 日即可在线查询成绩，最晚不会超过 8 周（因某些意外原因会造成成绩出来得晚，不过不用急，ACT 成绩每周都会更新，一般是在美国本土时间的周三和周五）；如果你考的是 ACT Plus Writing，作文成绩出来的时间一般不会晚于其他成绩两周。

　　根据往年时间安排规律，2014—2015 年美国的 ACT 考试时间应该为：

2014 年 ACT 考试时间：9 月 13 日、10 月 25 日、12 月 13 日

2015 年 ACT 考试时间：2 月 7 日、4 月 18 日、6 月 13 日

2014—2015 年中国的 ACT 考试时间应该为：

2 月 8 日、4 月 12 日、6 月 14 日、10 月 25 日、12 月 13 日

　　以下为"2015 年泰晤士高等教育世界大学排名"中前十名大学的 ACT 成绩范围（表格内容由 zinch 留学网站[①]整理而来）：

学校名称	ACT 成绩范围	
加利福尼亚理工学院 California Institute of Technology (Caltech)	ACT 总分	25～30
	ACT 英语	33～35
	ACT 数学	34～36
哈佛大学 Harvard University	ACT 总分	22～27
	ACT 英语	32～35
	ACT 数学	31～35
	ACT 写作	无要求
牛津大学 University of Oxford	无要求	

---

① 网址：http://www.zinch.cn

续前表

学校名称	ACT 成绩范围	
斯坦福大学 (Stanford University)	ACT 总分	21～26
	ACT 英语	30～35
	ACT 数学	29～34
	ACT 写作	29～32
剑桥大学 University of Cambridge	无要求	
麻省理工学院 Massachusetts Institute of Technology（MIT）	ACT 总分	32～35
	ACT 英语	31～35
	ACT 数学	33～35
	ACT 写作	8～10
普林斯顿大学 Princeton University	无要求	
加州大学伯克利分校 University of California—Berkeley	ACT 总分	21～25
	ACT 英语	25～33
	ACT 数学	26～34
耶鲁大学 Yale University	ACT 总分	31～35
帝国理工学院 Imperial College	无要求	

第六节 暑期课程

暑期学校不仅仅是为那些需要补课的学生提供的，实际上有很多学生选择参加特殊的暑期学习课程是为了：

- 发掘他们的兴趣点
- 发展新的技能
- 获得课堂上没有的实践经验
- 结交有相同兴趣的伙伴
- 体验大学生活
- 体验大学课程
- 获得大学学分

　　参加暑期课程也能为学生申请大学加分，特别是参加目标大学的培训。

　　暑期学习课程可能覆盖了学习的各个领域，从艺术和科学到语言和田径，这些课程可能选择在院校、博物馆、表演中心或娱乐中心进行授课。

　　以下是高中学生暑期课程实例：

- 在大学校园里，为期 5 天的创意写作课程
- 在一个计算机营地，为期 1 周的 3D 游戏设计
- 在另一个国家的一所学校里，为期 3 周的语言强化班
- 在大学校园，为期 6 周的具有大学水平的课程，如工程学、心理学和环境研究
- 在一所社区大学的暑期数学课

　　私人暑期课程可能是非常昂贵的，但有的会提供奖学金或财政援助，如果确实有兴趣参加但是价格又有些承受不起，可以与辅导员商谈。

　　以下是由联邦政府资助的课程，都是免费或相对便宜的：

- Governor's Schools：每年有 15～20 个州会提供这样的课程，在申请的时候你可能要提交一封老师的推荐信和你的一篇论文。
- Upward Bound：大学预科课程提供补习和辅导，对象是来自低收入家庭的学生，或是家庭里第一个将要考上大学的人。

　　如果要参加暑期课程，开始寻找最佳的时间是那个暑期前的冬天，很多课程在 3 月份报名截止，有些课程有名额限制，还有一些课程的申请材料需要提前准备，建议按以下步骤报名申请暑期课程：

- 确定你的目标是什么。想挣学分、培养新的技能还是遇见志同道合的朋友？
- 征求辅导员的建议
- 在线研究暑期课程
- 查看附近或者你感兴趣的大学的暑期课程
- 找到感兴趣的课程的申请要求。一些课程要求提供高中成绩单、考试成绩或能证明你做过创造性工作的东西。

　　如果你的目标是获得经验和学习新的技能，那么实习或者找一份暑期工作同样有价值。下面是 3 个参加暑期课程的学生的体验：

　　　　伊恩，一名高三学生，参加了海洋科学夏令营，地点在缅因州的

一个小岛上。在一块岩石上，他发现了一个约 12 英寸的海星，有一个中等尺寸的比萨饼那么大，发现这些像宝藏一样的东西使他觉得这个夏令营太不可思议了。

马库斯，一名高中毕业班的学生，在一所大学里研究小说写作和意大利文化。"这是我很感兴趣的两门学科，但是高中课程里没有。"通过这个课程，他获得了信心，也减轻了对大学课堂的恐惧感。

索尼，一名高中毕业班的学生，通过在大学里的一个暑期新闻节目，她体验到了大学生活，她住在宿舍，去食堂吃饭，自己洗衣服，她说："最重要的是，参加这个节目让我意识到新闻是我这辈子最想做的事。"

第七节　申请
——文书的准备

大学申请，除了经济实力和过硬的成绩之外，还需要准备一份申请文书。申请文书包括学生的个人陈述、简历、推荐信和 Essay 等几个部分，但是文书的准备不是简单的内容罗列，也包含着对写作水平的考验。

第一是个人陈述。个人陈述即 Personal Statement（就是我们常说的PS），是招生人员了解申请者的重要材料，可以包含对打算申请的专业的兴趣、对此专业的认识、相关的实践经历和未来的目标等。因此，个人陈述也是展示自己的一个绝佳机会，申请者的陈述可以不用那么全面，但是一定要有自己的主题，突出重点，说出自己独到的见解，这样才更有机会脱颖而出，给人留下深刻印象。

第二是个人简历。个人简历包括个人情况（如姓名等）、教育背景、实习经历、工作经历（若有）和获奖情况等。整体上遵循简洁明了、突出侧重点的原则，内容1~2页纸为宜，无须大举堆砌。

第三是推荐信。推荐人一般可选择申请者自己的专业课老师或班主任，因为他们对申请者较为了解，出于他们的推荐信也就更有说服力。推荐信即 Recommendation Letter（就是通常所说的RL），一般是填写目标学校提供的表格，或者是由推荐人来发挥。推荐信一般先介绍申请者的基本情况，如毕业时间、专业、学位情况等；接着是对申请者的评价，如过硬的基础、活泼开朗的性格、认真负责的态度、较强的学习能力和发展潜力，可以拿申请者获得的证书等成就作为评价的支撑。

第四是 Essay 的写作。Essay 不是一篇普通的作文，可以为申请文书增色不少，有的学校甚至要求学生提交不止一篇的 Essay。Essay 写作要立意新颖、角度独特、宜小不宜大、宜实不宜空。

后 记

准备这本书用了一年多的时间。

2013 年春天一个寻常的晚上，我女儿的父亲与几位大学好友惯例的聚会上，忽然聊到了孩子正在写的作业，是乔治·奥维尔的《1984》。文化人老六为此倡议多喝一杯，为了孩子能有机会仔细品味乔治·奥维尔的作品。长吁短叹之余，我们萌生了把美国高中课程的作业介绍给国内读者的想法。一方面希望写给准备留学的学生和学生家长，作为深度阅读材料，防忽悠之用；另一方面写给对美国教育感兴趣的其他读者，无论是学生、教师还是其他社会人士，作为参考和借鉴。在教育图书出版领域领先的中国人民大学出版社对于我们想法的支持，让我们信心倍增，我和吴光华、白林、薛松等留学生家长讨论了提纲，开始了艰苦的约稿工作。第一篇学生的稿件是来自陆子琪同学的短文，是她留学半年以后的感受。第一波稿件是来自谷欣然同学的作业，除了文学课的几篇作业，暑期回国的时候她带回了全本的历史笔记。

到 2013 年的年底，全书主要结构搭建完成。内容上在 11 年级和 12 年级的作业部分略显单薄。此时，我们与美国本土的留学中介机构 Ivy Lab 联系，希望通过他们搜集更多有代表性的作业。机构的创办人孙老师在结构上提出了修改意见，特别建议加入高中的规划部分。可惜的是，孙老师的招生和大学申请辅导工作太忙了，我们也错失了原定的稿件。我们公司的业务骨干王训建、王艳只好自己操刀，利用业余时间进行编写和创作。但是，我们总觉得内容上还有些缺憾。

2014年春节以后，第一版打印稿出炉。我是在去珠海出差的早班航班上，从头至尾读了一遍，突然心里没底了。由于编写者不同，随之而来的问题是语言风格不统一；而自己编写的部分总是感觉读起来平淡、不解渴。就这个问题，我反复地与有经验的编者探讨，然后改写，甚至重写。到了2014年春天真正到来的时候，全书已经完成了90%。

如果说出版这本书就是一个突发奇想，幸运地得到了中国人民大学出版社的支持；那么第二个突发奇想就是通过众筹的方式扩大书的影响力。2013年12月，我们就已经完成了众筹的文案，计划在国内一家很有名气的众筹网站上线。出于保护创意的考虑，我们把众筹的时间点定在全书基本完成之后。到了2014年的春天，当我们提交这个众筹文案的时候，惊奇地发现，这家网站转型只做智能硬件的众筹业务了。就在这个时间节点上，我们自己创办的北京必帮众筹金融信息服务公司已经组建完成，定位于新兴资本市场储备企业的股权众筹，刚好项目储备还不够，于是在4月30日下班之前，在"金谷观察"微信平台上进行了本书众筹的发布。

2014年的"五一"假期无疑是我所经历的最忙的假期。消息发布之后，朋友圈、微信群不少朋友帮助转发。4月30日当晚，就开始与各路神仙沟通，一直到5月1日凌晨。到了5月1日上午一觉醒来，发现居然有朋友为此建了一个群，已经讨论的热火朝天了，这是一位英文名字也叫Grace的从未谋面的校友，而我们也因此成为好朋友，这是后话。在大家的指点之下，我和白林、王艳5月2日下午在金融街举办了线下活动。记得那天有风有雨，曹荣校友、朱老师等几位朋友参加了我们的线下活动。经过讨论，我们解决了另外10%的稿源，对结构和表现形式进行了优化。

2014年4月30日是一个值得纪念的日子。似乎漫天的乌云从此揭开了一个缝隙，而天光就从这缝隙当中洒下来，照亮了我们一直摸索前行的道路。在这条路上的支持者还有：陆子琪妈妈、张泽凡爸爸、Rico爸爸、Gary Zhu、朱振波、许宁、张艳颖、孟东辰、林都迪、卢长福、李彤、龚林、王辉、崔迎、袁征、刘鹰、梁凤义、孙齐等。

　　最后感谢人民大学出版社的徐莉老师、何冬梅老师和喻菡韵老师，他们一直的鼓励和支持使我们在遇到困难的时候还能坚持下去，坚持本书编写完成。

2014 年 9 月 22 日于京西寓所

修改于 2014 年 11 月 2 日

图书在版编目（CIP）数据

我在美国读高中/王歌红主编 . —北京：中国人民大学出版社，2015.1
ISBN 978-7-300-20593-9

Ⅰ.①我… Ⅱ.①王… Ⅲ.①高中生-学生生活-美国 Ⅳ.①G635.5

中国版本图书馆 CIP 数据核字（2015）第 005465 号

我在美国读高中
主　编　王歌红
副主编　吴光华　白林　谷永强
Wo zai Meiguo Du Gaozhong

出版发行	中国人民大学出版社		
社　　址	北京中关村大街 31 号	邮政编码	100080
电　　话	010 - 62511242（总编室）	010 - 62511770（质管部）	
	010 - 82501766（邮购部）	010 - 62514148（门市部）	
	010 - 62515195（发行公司）	010 - 62515275（盗版举报）	
网　　址	http://www.crup.com.cn		
	http://www.1kao.com.cn（中国 1 考网）		
经　　销	新华书店		
印　　刷	北京宏伟双华印刷有限公司		
规　　格	160mm×235mm　16 开本	版　次	2015 年 3 月第 1 版
印　　张	15	印　次	2015 年 3 月第 1 次印刷
字　　数	221 000	定　价	39.80 元